知的生きかた文庫

〔新版〕
一瞬で大切なことを伝える技術

三谷宏治

JN102368

三笠書房

〔新版〕によせて

『一瞬で大切なことを伝える技術』（以降、旧版）を出版したのは２０１１年、東日本大震災の年でした。生まれて初めて「１０００年に一度」の事象に遭遇しました。それまでも、ベルリンの壁崩壊（１９８９）やソビエト連邦の崩壊（１９９１）などは、私の固定観念を打ち砕くものでした。20代だった私は、自分がそれらに驚いたこと自体に、ショックを受けました。**自分自身が如何に「常識という名の虚像」に縛られていたか**を思い知らされたからです。

東日本大震災以降も**世界の激変は止まりません**。ＡＩが急激に性能を上げ、17年にはAlphaGo《アルファ・ゴ》が囲碁で人類を追い越しました。最強棋士・柯潔《かけつ》曰く「碁の神に極めて近い」存在です。20年は新型コロナウイルスとの戦いの年でした。この感染症はヒトの命だけでなく、経済に大きな打撃を与えるもので、その帰結はまだ見えていません。誰が10年前、こんな世界を予想できたでしょう？

いえ、われわれに未来を予測することなどできません。**未来は「つくる」か「対応する」しかない**のです。もっと**自身の基礎的な能力（発想力と決める力・伝える力）**を上げ、新しいことへの柔軟性を高めて、高速な試行錯誤を続けることで――。

われわれにはそれができるはず。私はそう信じてこの十数年、さまざまな教育活動をつづけてきました。その1つが出版ですが、もう累計で30冊余りになりました。

この『〔新版〕一瞬で大切なことを伝える技術』では、旧版に多くの加筆・修正をしています。事例をアップデートし、表現をよりわかりやすくし云々。

でも、**伝えたいことは同じです**。世界がどれだけ変わろうと、いや、変わっていくからこそ同じなのです。必要なのは**「もっとシンプルに、ダイジなことに集中して考え・伝え・聴き・話し合うこと」**、それだけです。それによって劇的に伝達や意思決定の効率が上がります。

この文庫版の〔新版〕がみなさんの行動変革と、強く、しなやかな未来につながりますように。そして楽しく千年の都を築けますように。

三谷宏治

Prologue

ロジカルに伝える最強の技術『重要思考』

01 大切なことはなぜ伝わらない？

ロジカルな「フレームワーク」の氾濫《はんらん》

心に言いたいことがあっても、なかなかヒトには伝わりません。一生懸命、言葉を尽《つ》くしても、しゃべればしゃべるほど相手は首をかしげます。そのうち自分も、何が言いたかったのか、わからなくなる……。そんなことはありませんか。言いたいことをうまく話せたと思ったのに、相手の言うことを聞いていると、ちゃんと伝わったかどうか自信がなくなる。会話や議論をつづけても、話が逸《そ》れていってなかなか結論に達しない……。そんなことはありませんか。

この本は大切なことをちゃんと伝え、ちゃんと会話・議論することができるようになるための本です。そのためには、論理的《ロジカル》な考え方や会話のし方が、必須です。多くの社会人や就活生が「社会人基礎力」アップとして、それにチャレンジしてきました。ロジカルシンキング系の本を読んだり研修に通ったりすると、そこにはたいてい、56のポイント、だったり、7つのフレームワーク、がならべてあったりします。

でも、報告書やプレゼンテーション資料ならともかく、**会話の中で○○マトリクスや□□分析やピラミッドストラクチャーなどは使いこなせません**し、数十ものポイントを修得もできません。せいぜい使えるのは「結論を先に言う」というテクニックくらいでしょう。

そこがうまくいかないので、みんな、他人との会話をスムーズにスタートさせるための「つづく会話」のテクニックや、まず「ウケる」ためのノウハウに走りました。結果として「つづくだけの会話」や「フレームワーク合戦の議論」が量産されることになってしまいました。今、私たちの周りには「耳に心地よいが中身のない会話」や「中身はありそうだがよくわからない議論」があふれています。

奇書『ウケる技術[1]』のオビに糸井《いとい》重里《しげさと》さんは書きました。「ウケたあとのことは、自己責任ですね」

1 小林昌平・山本周嗣・水野敬也著。水野敬也はその後『夢をかなえるゾウ』『人生はニャンとかなる!』など大ヒットを連発。

そうなのです。ウケるだけでは、ダメなのです。ウケることは相手とのつながりの、きっかけに過ぎません。あなたの言いたいことをちゃんと伝えるには、せっかくウケた、そのあと（とその前）が肝心なのです。

『重要思考』があなたを救う

この本では「つづく」とかだけでなく、会話や議論の質そのものの改善に取り組みます。でも、そのために必要な技術《わざ》は次のたった1つです。

●**『重要思考』は「重み」と「差」**（↓詳しい説明は36頁）

「重み」とは、そのこと自体がダイジか、重要か、という意味です。「差」とは他者（他社）よりも優れているか、という意味です。あとはすべて、その応用です。

●**『重要思考』で話す、『重要思考』で聴く、『重要思考』で話し合う**（会話や議論）

これらが「伝える技術」です。使いこなせれば、社会人として十分「ロジカル」です。もちろん戦略コンサルタントとしても。

この技術は極めて実践的かつ有効です。

実際に戦略コンサルティング、経営コンサルティングの現場で私が使いつづけてきたものであり、BCG（ボストン コンサルティング グループ）やアクセンチュアの社内研修で若手コンサルタントたちに言いつづけたことであり、また、一般社会人（および子どもたち・親たち）向けに大学院や研修の場で、延べ10万人以上に直接伝えてきたものです。

私がつくり、伝えたあらゆる研修コンテンツの中でも、おそらくこれがもっとも基本的であり、かつ、最強だといえるでしょう。

少なくとも、受講者のアンケートによれば、そうです。

この『重要思考』は、「ロジカルシンキングが使い切れない」ヒトでも、必ず修得できます。そして、ロジカルであるとはどういうことか、どれほど自分の話の説得力が上がるか、他人との議論の効率が上がるか実感できます。

「他にもいろいろ試したけれどどれも中途半端」なヒトは、一度この『重要思考』に集中してみてください。決して損は、させません。

そして、「こういうスキル本は初めて」のヒトは、おそらくとても幸運です。この本の中でいっぱい練習し、身の周りでどんどん使っていきましょう。

では、どんなときにどう使えばいいのでしょう。

ただ、その説明に入る前に、もう一度、みなさんの身の周りで起こっていることを、4コママンガで見てみましょう。

主人公はマジメな熱血ペンギン、ルークです。最近、仲間たちと『カフェ・ドロケイ』という名前のカフェをつくりました。でも、なんとなく意思の疎通がうまくいきません。決めなきゃいけないのに、決まりません。言いたいこと、伝えたいことがいっぱいあるのに伝わりません。

さてさて、何が起きているのでしょう……。

あなたの周りで今、起こっている会話・議論の問題

問題1 しゃべるが話がまとまらない

原因

話し手が「伝えたいコト」の優先順位を整理しないまま、思いついた順に話すため、聞き手は何が重要なのかわからない。

問題2

「ロジカルシンキング」に沈む議論

来店者は
子どもと女性が
6割！
それロジカル
じゃないよ。
MECE《ミーシー》じゃないし、
小前提もホントかな
ロジカル
話したい中身は
何だったっけ？
Thinking?
Sinking?

原因

「論理的かどうか」にこだわりすぎて、逆に話したい中身がおろそかになってしまう。

問題3 決まらない会議

原因

決めなくてはいけないことや、それがなぜ自分たちにとってダイジかが全員に共有されていないので、思いつきや発言の応酬になってしまう。

02 大切なことが互いに伝わる会話・議論への4ステップ

伝わる会話のためには簡単な技術がある

11頁からの4コママンガ①～③で紹介した「伝わらない会話」とは、実は「ダイジなことからズレている会話」なのです。

話の幹（ダイジなこと）でなく枝葉末節《しようまっせつ》にズレていく。話すべきテーマ（ダイジなこと）からズレても誰も直さない。意思決定の場なのに賛否（ダイジなこと）でなく関係ない話にズレる……。

言いたいことがふらふらしていたら、絶対に、相手には伝わりません。当然、お互いに伝わる会話にも、なりません。

頭の中や会話や議論をスッキリ整理するための技術、それが『重要思考』です。『重要思考』はこうも表現できます。

「重み」×「差」＝インパクト

『重要思考』の詳しい説明は、次のステップ1（27頁）から始まりますが、この技術は、多くのことに活用・応用できます。まずは、考えること、伝えること、聞くこと、そして議論すること。そして、相手をほめること、議論をファシリテートする（整理し、促す）こと、多数を相手に説明をすること。緊急時の判断にも効果抜群です。

技術とはスキルであり、それは繰り返すことによってしか身につきません。だから本書では、同じことを何回も練習することで、『重要思考』をしっかりマスターしてもらいます。でもそれだけでは足りません。ぜひ身の周りでも使ってみてください。

最初は簡単なことから始めてみましょう。「自分の言ったことで一番ダイジなことはなんだと思う？」と相手に問いかけるだけでもいいのです。

この技術を習得したとき、さっきのズレまくりの会話は、どうなっていくでしょうか。ゴールイメージとして、次頁以降で①～③の4コママンガの、「使用後」を紹介します。さっきの「使用前」のマンガと比べてみてください。

こうでありたい、かみ合う会話や議論

ゴール1

話が簡潔に完結

原因

ダイジな部分だけに話を絞って、順々に相手に伝えているから、相手に理解してもらえる。

ゴール2

『重要思考』で進む議論

原因

何がお互いにとって重要なのかを確認し合いながら、話し合いを進めていくので、議論がかみ合い、納得できる結論が出る。

ゴール 3

決まる会議

1時間で
社員旅行の行き先を
決めます!!!
まず社員旅行の
目的は?
社長曰く
「互いに知ること」
50分経過…
ヨッシャ
イヨイヨネ
じゃあ、そろそろ決めましょう。
約束通り多数決でいきますよ
行き先決定!
屋久島
キマッター
パチパチ
ジュンビダー
パチパチ

原因

決めなくてはいけないことや、それがなぜ自分たちにとってダイジかが全員に共有されており、意思決定方法も定まっているので効率的に決まる。

かみ合う会話・議論への4ステップ

ルーク青年たちのダメな会話や議論と、スマートな会話や議論、いかがでしたか。

さて次の章からが本編です。**かみ合ういい会話や議論をするには、3つの力が必要です。①言いたいことを相手に伝える力と、②相手の言うことをちゃんと聴きとる力と、③互いに質疑応答・議論をする力**、です。

スポーツや将棋などと違うのは、相手を負かすことが目的ではなく、2人もしくは多人数で「議論」と「結論」という作品をつくり上げることが目的だということ。即興的《そっきょうてき》なので、長々考えるヒマや準備の時間がありません。結構、大変です。

ですが、会話や議論の根幹である自分の「言いたいこと」が曖昧《あいまい》で価値のないものでは、この3つの力をつけても意味がありません。まずはそこからスタートです。

まず身につけるべきは、「言いたいこと」をはっきりさせる力『重要思考』、です。

やり方はとてもシンプルです。そしてそれがどんな時でも使えます。

それでは、『重要思考』を4つのステップ（次頁の図）でマスターし、真の「伝える技術」を身につけましょう。

かみ合う会話・議論への4ステップ

Step 1（27頁）

言いたいことをはっきりさせる
［重要思考で考える］

Step 2（81頁）

言いたいことを相手に伝える
［重要思考で伝える］

Step 3（115頁）

相手の言いたいことを理解する
［重要思考で聴く］

Step 4（155頁）

相手とちゃんと会話・議論する
［重要思考で伝え合う］

contents

ターゲットは若者だよ

Step 2 言いたいことを相手に伝える

話したい中身は
何だったっけ？
Thinking?
Sinking?
ロジカル

Step 3 相手の言いたいことを理解する

Step 4 相手とちゃんと会話・議論する

どれがダイジ
なんだろう…
キキッパナシジャ
ダメダ！

応用編

『重要思考』でマーケティングから緊急対応まで

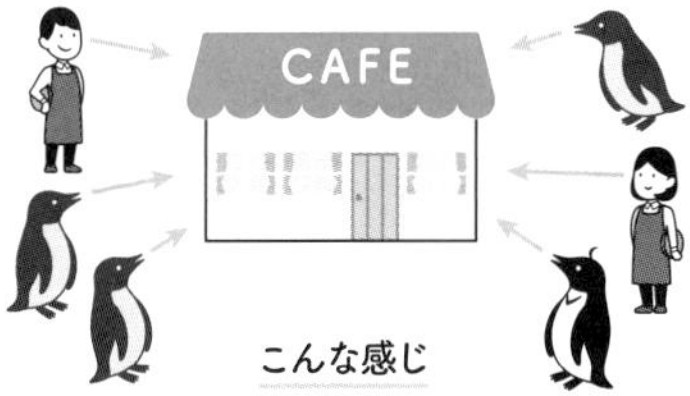

こんな感じ

おわりに 233

本文イラスト・マンガ●株式会社ウエイド　千坂まこ

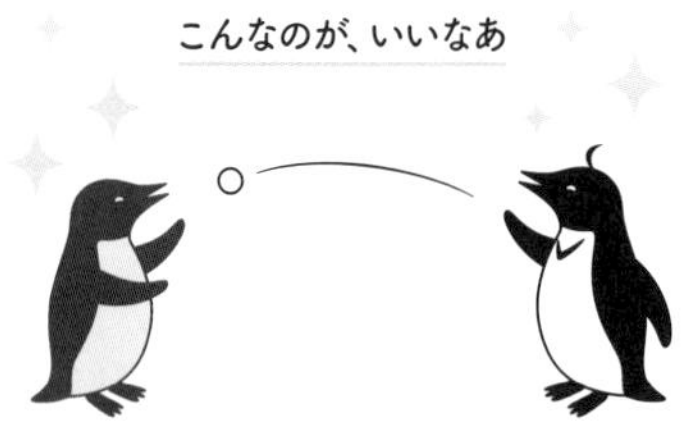

Step 1

言いたいことを はっきりさせる

03 ロジカルの超基本は「塊《かたまり》」と「つながり」

ヒトの理性の象徴としてのロジカル

ロジカルという言葉をすでに何回か使ってきました。日本語では論理的、という意味で、ロジック（論理）の形容詞です。でも本来はどういう意味なのでしょう。

この言葉はギリシャ語の**ロゴス**に由来します。**この世を支配する真理を指し、理性的な論証の言葉**でもあります。

ロゴスに対比されるのがミュトス。神話や寓話、悲喜劇など、ヒトが語り伝えた物語のことを指します。愛憎《あいぞう》あふれる、豊かな世界です。でも、そこには理性的な真理はない、とギリシャの賢人たちは考えました。

ロゴスから生まれた論理学は、数学の一部ともなり、今やあらゆるコンピュータや電子部品の基本原理となっています。厳密に、そして理性的に。

一方、ミュトスに代表されるように、**ヒトの思考回路はかなり曖昧かつ非理性的**です。いろいろなバイアスがかかりますし、自分では気がつかない潜在意識（無意識）なんてものもあるので、実は「意識的・理性的に考えてモノゴトを決める！」なんて1日に何回もないのです。

ロジカルの超基本はとってもシンプル

では、ロジカルであるって、どういうことでしょう。ふつう、教科書にはこうあります。

- 論理的に考えるとは、命題をはっきりさせ、ピラミッド状（上が結論、下が理由や証拠）に組み立て、ブロックを隙間なく埋めること
- ピラミッドのつくり方は、上から（演《えん》繹《えき》法《ほう》）と下から（帰《き》納《のう》法《ほう》）がある
- そのためのツールとしてイシュー・ツリーやMECE《ミーシー》[2]などがある

う〜っむ。エジプトの王さまではないので、こんな精巧《せいこう》緻《ち》密《みつ》なピラミッドを、会話するたびにいちいちつくっていたら、日が暮れてしまいます。かつ、これらを頭の中で高

2 MUTUALLY EXCLUSIVE AND COLLECTIVELY EXHAUSTIVEの略。さらっと言えたら、外資系コンサルタント!? 「漏れなく、ダブりなく」という意味。

速処理できるようなら、苦労しません。

日常におけるロジカルの超基本とは、もっと単純です。**それはまず「塊《かたまり》」と「つながり」がはっきりしていること**なのです。

たとえば「Amazon《アマゾン》が急成長しているのは品揃えが多いから」と、言いたいとしましょう。主張もしくは命題というやつです。

これを題材に、塊とつながりとはどういうことか、見てみます。

塊をはっきりさせる〜程度と範囲に注意

まずはこれを塊とつながりに分けましょう。

- 塊A：アマゾンが急成長、塊B：品揃えが多い
- つながり：〜なのは〜なため（Aの原因はB）

さて、塊やつながりは、はっきりしているでしょうか。まず塊Aから見てみましょう。

……ちょっと曖昧です。なんの成長なのでしょう。ユーザー数でしょうか、売上（取

扱額）や粗利《あらり》でしょうか。そして「急」成長ってなんでしょう。年率50％以上だと、「急」なのでしょうか。いや、ここでは「競合他社より著しく売上高の増加率が高い」と言いたいのでしょう。ならそう言いましょう。

塊Bの品揃えが多い、も同じです。多い、ってなんでしょう。競合に比べてでしょうか、絶対値ででしょうか。きっとこれも「競合するリアル店舗に比べて、取り扱いアイテムの数が多い」と言いたいのでしょう。なら、そう言いましょう。

ヒトは**「程度」**が大ざっぱです。それを、はっきりさせましょう。程度の問題は数字で言い切れれば、一層はっきりします。定量化、ですね。

さらにこれらは、どこの範囲での話なのでしょうか。日本、北米、それとも世界全体のこと？ **「範囲」**を、はっきりさせましょう。

ここでは北米での話だとします。すると、塊Bはこうなります。

「北米アマゾンの品揃えは３・５億品目、電化製品だけでも３２００万品目にのぼり、競合ベスト・バイの10倍以上である[3]」

3 2016年5月調査。

ロジカルの超基本①

Amazonが急成長しているのは
品揃えが多いため

⇩

塊とつながりに分ける

塊A
Amazonが
急成長

つながり
⇦ Aの原因

塊B
品揃えが
多い

⇩ 塊をはっきりさせる ⇩

塊A
北米Amazonは
競合に比べて
7倍の
売上成長率＊

塊B
アイテム数が
電化製品だけでも
3200万品目＊＊で
競合ベスト・バイの
10倍以上と非常に多い

＊　2019～20年の伸びは、アマゾン17％、ベスト・バイ2.3％。
＊＊北米Amazonではアイテム数が3.5億品目。

つながりをはっきりさせる〜向きと太さに注意

右図の中で、**つながりは矢印のこと**です。今回は塊Bから塊Aに向かう「原因」という矢印でした。

矢印には他にも、結果とか前提とか、いろいろなつながりがありえます。なんとなくでなく、どんなつながりなのか、はっきりさせましょう。

問題は、矢印の太さです。矢印が太いほど、AとBのつながりは強いと考えます。では、**どれくらいそのつながりは強いのでしょうか。**たとえば原因を全部で100としたとき、そのうちどのくらいを占めるのでしょうか。

100なら「唯一絶対」の原因となり、10なら「あまたある中の1つ」に、1なら「些細《ささい》な」原因となるでしょう。ずばり「原因の5割！」とか言えたら最高です。

次頁の図のように、塊の範囲や程度をはっきりさせ、つながりの向きや太さをはっきりさせる。モノゴトを、こういうふうに表せれば、それで十分ロジカルです。

複雑精緻なピラミッドなどいらないのです。

ロジカルの超基本②

塊A
Amazonが
急成長

← つながり（Aの原因） ←

塊B
品揃えが
多い

つながりをはっきりさせる

⇩

← つながり（Aの原因の8割） ←

まとめると

⇩

塊A
北米Amazonは
リアル競合に
比べて
7倍の売上成長率

← Aの原因の8割 ←

塊B
北米での
アイテム数は
競合の10倍以上
（電化製品など）と
非常に高い

塊とつながりを意識する

曖昧でふわふわしたものを、ロジカル、は扱えません。

それに意味や価値がないと言っているわけではなく（おそらく、大いにある）、はっきりした考えを持つとか、それを相手に伝えて会話や議論をする、ということに向いていないということなのです。

この本で目指しているのは「言葉による意思の疎通」であり、「ちゃんとかみ合う会話」です。ロジカルな会話、ってやつです。

その第1ステップが「言葉による自らの意思の明確化」でした。

まずはふわふわを固めること。言いたいことを「塊」と「つながり」に分けて、はっきりさせることで、相手と意思のキャッチボールができるようになるのです。

でも、固めただけでは意思のキャッチボールはできません。

その意思を、本当に意味や価値のある主張にするために、次の『重要思考』に進みましょう。

04 『重要思考』で考える

ダイジでないならどうでもいいのだ

『重要思考』とは、前述した**塊**と**つながり**（ロジカル超基本）のちょっとした応用ともいえます。**一番強いつながりのある塊に集中する**、ということですから。

アマゾンの話を続けましょう。アマゾンが急成長しているとして、その原因はきっといろいろあるのでしょう。10や20はすぐ挙がります。

● Aの原因はB1、Aの原因はB2、Aの原因はB3……

でも、あれも効く、これも効く、いやいやこれも、とみな言いたい放題になってしまいます。『重要思考』はそれを許しません。**それが一番ダイジな原因か、と問う**からです。

ダイジじゃなければどうでもいいのだ

Amazonはなぜ急成長しているのか?

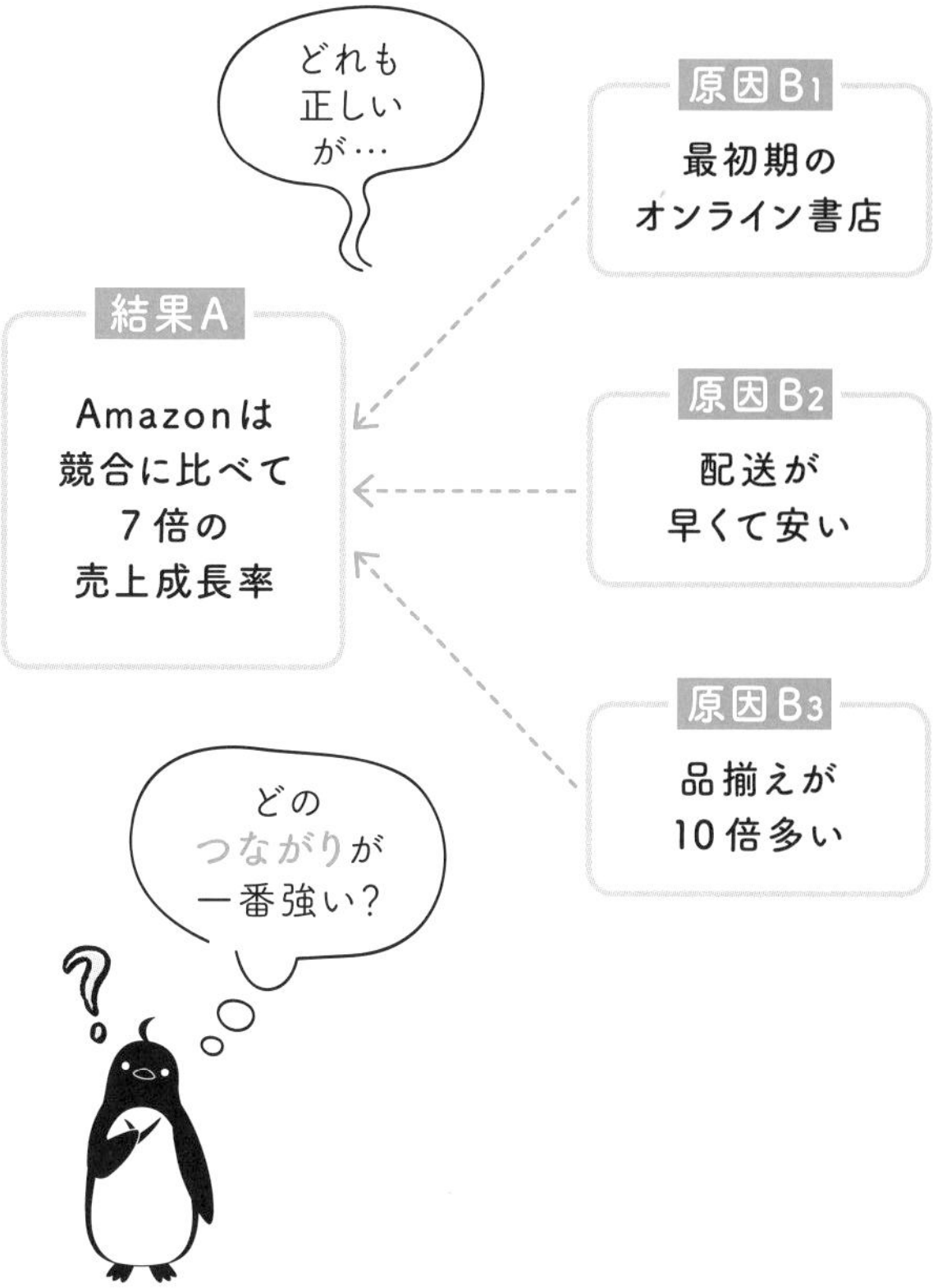

原因と称するものの中には、他社との圧倒的な**「差」**をつけるものもあるでしょう。

「うちの電力利用効率は他社の2倍だ！」とか。

でも、そのビジネスの全コストのうち、電気代の**「重み」**はどうなのでしょう。もし全コストの1％しか占めないとしたら、それはあまり、ダイジではありません。


ツメタイ言い方ですが、ダイジでないならどうでもいいのです。

全体の1％の部分で電力効率が2倍であろうが3倍であろうが、いや、たとえ10倍であろうがコスト全体にとってほとんどインパクトはありません。


「うちの部品調達コストは他社より1割安い」としましょう。「差」はたった1割です。でも、そのビジネスの全コストのうち、部品代の占める「重み」はどうでしょう。もし60％あるとしたら、それはとってもダイジです。

「差」が1割でも、結果的に、敵に6％（60％の1割だから）のコスト差をつけられるのですから。もし2割なら12％です。これが、インパクト。

それなら部品代を、徹底的に調べ議論する価値は十二分にあるでしょう。

コストの重みでダイジさをハカる

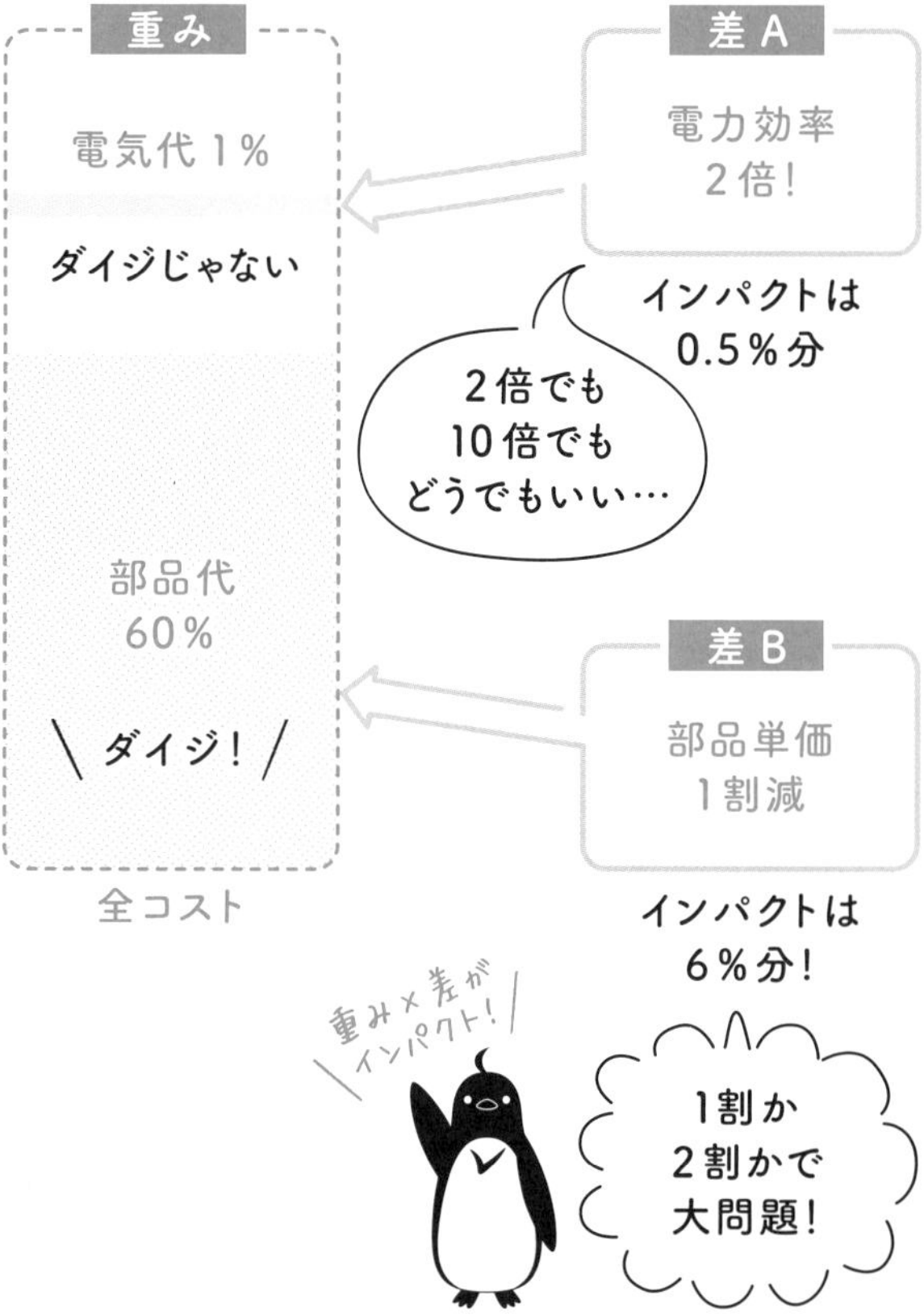
重み
電気代 1%
ダイジじゃない
部品代
60%
ダイジ!
全コスト
差 A
電力効率
2倍!
インパクトは
0.5%分
2倍でも
10倍でも
どうでもいい…
差 B
部品単価
1割減
インパクトは
6%分!
重み×差が
インパクト!
1割か
2割かで
大問題!

かどうか」がいつも抜けているのです。ダイジでないならどうでもいいのに……。

新型コロナウイルスでの物理的距離はどれくらいが適正か

新型コロナウイルスの感染予防対象として、2020年の春頃から「人と人との間に十分な物理的距離を取ろう」という対策（ソーシャル・ディスタンス[4]）が拡がり始めました。これ自体は「直接の接触を避ける（握手やハグやキス）」レベルから、行列のときの前後の距離まで、様々な内容のものが入っていますが、後者のことで大打撃を受けたのが劇場や映画館、ライブハウスなどでした。いつもは150人詰め込むライブハウスで、2メートルの距離を互いにとったら定員はなんと7人！　もちろんこれでは収益的にはどうしようもなく、様々な声が上がりました。「2メートルは空けすぎ」「アメリカでは6フィート、1・8メートルだ」「ドイツだと1・5メートルって言ってるぞ」

確かに2から1・5メートルにするだけで、収容人数は1・8倍に増えます。そんな

4 WHO（世界保健機関）は「互いに疎遠になることが目的ではない」との意味から、フィジカル・ディスタンス（物理的距離を取る）を推奨している。

「適正ディスタンス」議論がネットやTV番組上で戦わされましたが、結局5月、屋内イベント開催に対して政府から「定員の50％以内」というような基準が示されました。

でもその頃、感染症の専門家がポロリと言っていました。「まあ、飛沫が飛ばなきゃいいんで、声を出さない映画やコンサートだったら、満席にしても問題ないですよ」そうでした。**ダイジなのは距離そのものではなく、飛沫が互いにかからないこと。**それなら声を出す出さないでまったく変わります。なんでそこから議論しないのか……。

政府が映画館やクラシックコンサートなどに「定員いっぱいまでOK（5000人まで）」としたのは、その4カ月もあとのこと[5]でした。

ダイジを重みで示す

主張しようとしている事柄が、ダイジかどうかはどう示しましょうか。

ビジネスの現場において、最終的に存在するのはコストと付加価値だけです。どれだけの価値をビジネスの相手に、どれだけのコストで届けられるのか。

だとすれば、**そのことがダイジかどうかは、その付加価値やコストでの「重み」でハカれます。**

5 2021年1月に地域限定で出された緊急事態宣言では、再び「定員の50％以内」となった。理由は不明。

●コストの何割を占めるのか
●付加価値のどれだけを占めるのか

電力効率の例では「コストでの重み」で、そのダイジさを示しました。30頁～のアマゾンの例では「ユーザーへの付加価値での重み」が適当でしょう。

では、アマゾンの品揃えが非常に多いことは、ユーザーにとって、どれだけ重要なのでしょうか。品揃えが売れ筋だけに絞り込まれていては、何がダメなのでしょうか。

電化製品での競合ベスト・バイだって品揃えが少ない訳ではありません。１００万を超える品目を扱っています。それじゃ、なぜダメなのでしょう。なので「品揃えが10倍多い！」の前にまず**「品揃えが非常に多いことがダイジ」**と言わないことには、始まりません。

アマゾンの急成長にさまざまな原因があるとして、それらを個別に論じる前に、まずはそのテーマの重みをハカりましょう。

それでダイジとわかったなら、初めてそこでの「差」を語ろうではありませんか。

まずダイジかどうかを確かめよ

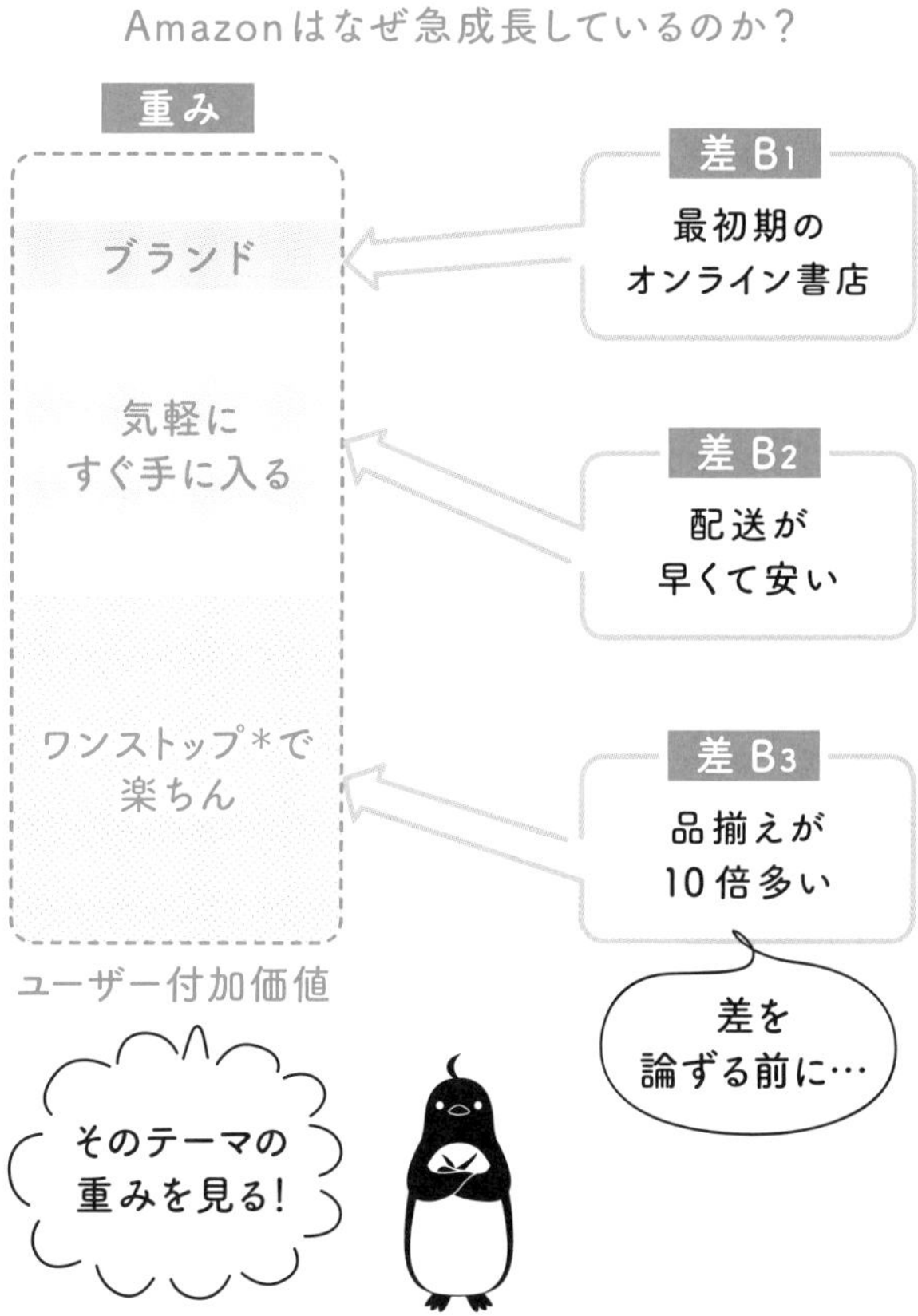
Amazonはなぜ急成長しているのか？
重み
ブランド
気軽に
すぐ手に入る
ワンストップ*で
楽ちん
ユーザー付加価値
差B1
最初期の
オンライン書店
差B2
配送が
早くて安い
差B3
品揃えが
10倍多い
差を
論ずる前に…
そのテーマの
重みを見る!

*1ヵ所ですべて手に入り、買い回りをしなくてもよいこと

家庭での夏の節電作戦を考えよ!

ビジネスでは「何かを減らす!」というテーマが必ず出てきます。家庭での電力削減、を題材に、「重み」と「差」でこれを考えてみましょう。

2011年の夏にめがけて、多くの企業や家庭は、「節電」を強く意識しました。福島の原子力発電所に総電力の3割弱を依存していた首都圏のみならず、原子力発電所の稼働や再稼働が止められた中京や関西にも「節電」の波が押し寄せたからです。どうすれば十分な節電になるのか、みなの智恵《ちえ》と行動力が試されました。目標は企業が20~25%、家庭が15%減[6]でした。

電力の節減インパクトは、まさに「重み」と「差」で表されます。

電気機器ごとに、もともと**どれくらい電力を食うものなのか(重み)、それをどれくらい減らせるのか(差)、のかけ算で削減量が算出**できるのです。

たとえば差が大きそうなのは、照明です。白熱灯をLED照明に取り替えると、なんと85%の減少となります。すごい差です。

6 東京電力管轄では15%減、関西電力管轄では10~15%とされた。

重みはどうでしょうか。一般家庭は平均で年間4200キロワットを消費しています。その16%が照明なので、確かにこれは大きな削減量となりそうです。

他に重いのは、エアコン25%、冷蔵庫16%、テレビ10%などです。それぞれ、最新型に取り替えることで、消費電力は20~50%も削減されます。

どれもそこそこの重みがありますね……。この際です、大枚《たいまい》はたいて照明もエアコンも冷蔵庫もテレビも買い替えましょう!

ホントでしょうか? いいえ、ウソです。

重みをもっとちゃんと見なくては、いけません。

震災後2ヵ月経ってようやく、経済産業省は「家庭の節電対策メニュー」なる資料を公表し、15%の削減を呼びかけました。そこには初めて「夏の日中の消費電力」というデータ(推計)が示されていた[7]のです。

今回、重みをハカるものとして必要だったのはこれです。これを見ると、電力危機と言っても、問題は日中、しかも11~16時だけなのです。

7 これは「在宅時の消費電力」であり、不在家庭ではあてはまらない。

夏の電力消費の重み

家庭の夏の日中（14時ごろ）

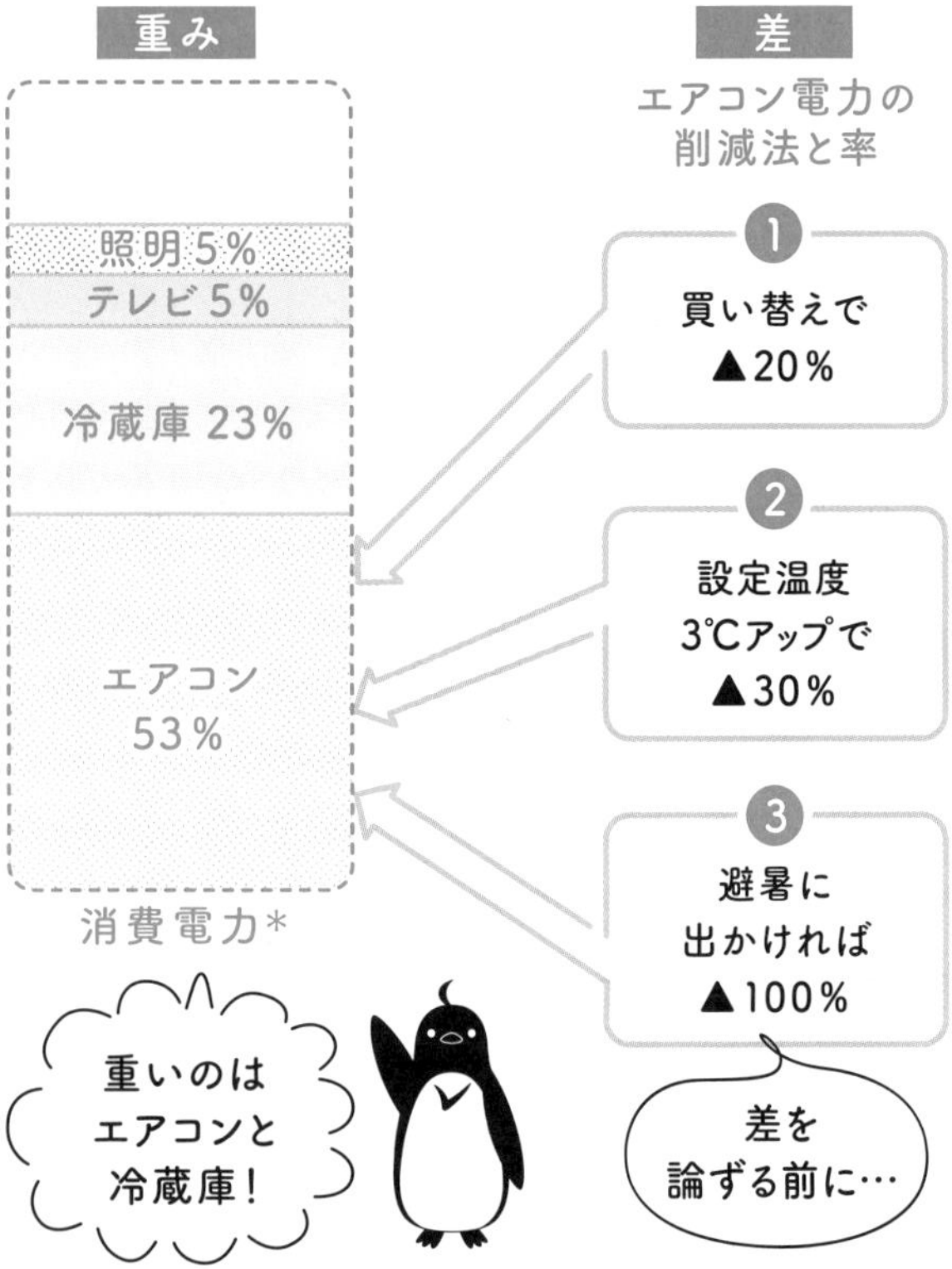
重み
差
エアコン電力の
削減法と率
照明 5%
テレビ 5%
冷蔵庫 23%
エアコン
53%
消費電力*
1
買い替えで
▲20%
2
設定温度
3℃アップで
▲30%
3
避暑に
出かければ
▲100%
重いのは
エアコンと
冷蔵庫！
差を
論ずる前に…

＊最大需要発生日における在宅の全世帯平均を推定。
出所：経済産業省「家庭の節電対策メニュー」（2011.5.13）より三谷作成

ふつうは真昼に照明など大してつけていません。テレビも朝夕が中心でしょう。**問題はエアコンと冷蔵庫なのです。エアコンが53％、冷蔵庫が23％で、全体の計8割弱に達する**のですから。

ならば、エアコンと冷蔵庫における「差」について、じっくり論じましょう。

エアコンは2000年からの10年で、消費電力が20％下がりました。冷蔵庫は約半分です。

「重み」と「差」をかけ算すると、その施策のインパクトがわかります。古いエアコンを最新型に買い替えれば、消費電力が11％下がります。冷蔵庫の買い替えでも、12％稼げます。

お金がない？　それでも大丈夫。

エアコンの設定温度をこれまでより3℃上げれば、消費電力は3割下がります。これだけで削減量は16％。25℃だった設定温度を、28℃にすれば、16％強の削減量（インパクト）となります。扇風機を併用すれば、28℃でも十分涼しく過ごせたはず。照明や暖房便座やいろんな待機電力をこまめに減らさなくても、これだけでOKだったのです。

全体の中での「重み」を常に意識する

それでももし節電警報が出たら、エアコンを消して、どこかに涼みに行けばいいのです。エアコン節電率100%で、削減量はもちろん53%に達します。

一方、消費電力25%削減のために企業や官公庁が打ち出したのはこんな策でした。

- 稼働日を平日から休日にシフト
- 勤務時間を1時間早めにシフト（サマータイム）
- 勤務場所を会社から自宅にシフト（在宅勤務）
- ノートパソコンの電力消費を夜にシフト（充電機能）
- 照明をすべてLED照明に転換
- 卓上のミニ扇風機やミニ冷蔵庫の使用禁止
- エアコンの設定温度を28℃にアップ
- 服装基準をクールビズからスーパークールビズやウルトラクールビズ[8]にアップ

8 佐賀県武雄市役所ではTシャツなどに加え、短パンやサンダルを奨励した。2011年6〜9月実施。

サマータイムは別として、平日昼のピーク消費を下げるのに、智恵を絞ったあとがうかがえます。かつ、ダイジなところ、重いところにフォーカスしてもいます。でも……**卓上のミニ扇風機禁止はいただけません。ダイジなことがわかっていません。**

オフィスビルでは、夏の昼に一番重いのは照明、次がエアコンです。その設定温度を上げるために、扇風機は非常に省電力で効果的なアイテムなのです。しかもそれが、夜間充電されたノートパソコンで駆動されるのなら、なんの問題があるでしょう。むしろ、充電式小型扇風機を全社員に配ることこそ、やるべきことでした。

さらに、在宅勤務シフトもかなりアヤシイ施策です。もともと在宅者がいる家庭ならともかく、そうでなければ単なる消費電力の家庭へのつけ回しに過ぎません。しかも、一人当たりの冷房費は数倍になるでしょう。

いや、きっと首都圏における灼熱《しゃくねつ》通勤ラッシュから、大切な社員を守るための施策なのでしょう。たぶん……。

何か策を思いついたら、すぐもう一度考えましょう。「重み」はどれくらいだろうか、と。そして、よりダイジなことのために役に立っているだろうか、と。

それこそが、重要思考なのです[9]。

9 2011年夏、首都圏の大口需要家は前年比29％の節電を達成した。家庭消費は6％減にとどまったが、これは日中の不在家庭がもともと多いため。

05 『重要思考』のミニ演習3題

頭の中に閉じ込めておかない

人間、残念ながら頭の中だけで考えていても、なかなかロジカルにはなれません。一瞬一瞬ヒトの頭の中に浮かぶ思考や感情をすべて拾って綴《つづ》っていったら、それがいかに散文的で支離滅裂《しりめつれつ》か、よくわかります。合理性と非合理性、一貫性と単発性、愛と憎、清と濁が数秒ごとに入り乱れるサマは、まさに阿鼻叫喚《あびきょうかん》の地獄絵でしょう（笑）

だから、**落書き程度で構わないので、考えを書くこと**をオススメします。言葉に落とすことで、ふわふわとした思考は固定化され、ちょっとつまらなくはなりますが、初めてロジカルの世界で扱えるようになります。

そしてそれを『重要思考』に沿って重みと差を明らかにしましょう。

『重要思考』シート

言いたいこと

誰の何の重みと差かに分ける

誰と重み

誰のどんなとき

ダイジなこと

つながり

差

はっきり

誰と重み

誰のどんなとき

ダイジなこと

つながり

差

慣れないうちは前頁のような『重要思考』シートを使ってみてもいいかもしれません。問題は、「重み」です。

重みをはっきりさせる演習

では、重みをはっきりさせる練習をいくつかやってみましょう。

次の内容（言いたいこと）を、頭の中で、もしくは『重要思考』シートに従って、ちゃんとした主張にしてください。

①花王の「アタックZERO」が売れたのは、その豪華な男性俳優陣のCMのお陰
②スターバックスは店舗のデザインがすばらしいから行きたくなる
③「道の駅A」を黒字化するには地域の特産品販売への注力が一番

①から始めましょう（54頁の図）。
ここには差はあるけれど、その重みがありません。

（他社よりも）豪華な男性俳優陣のCM[10]、が「差」です。でもそれが売上に効いたと

10 松坂桃李、菅田将暉、賀来賢人、間宮祥太朗、杉野遥亮が「洗濯愛してる会」として、楽しく洗濯している姿が斬新だった。CM好感度も年間2位。

いうならば、その前にそれがダイジだと言わなくてはなりません。

誰にとって？ もちろん、ユーザーの中心である主フ（婦・夫）層にとって。

どういうとき？ 衣料洗剤を買うとき。

なので、①の主張は、

「主フが衣料洗剤を買うときには機能よりもイメージを重視するが、花王『アタックZERO』は他社を圧する豪華な若手男性俳優陣のCM投入によって、よりよいイメージを確立して大きな売上を上げた」

となるでしょうか。

本当かどうか、どこにウソがあるのか、議論がしやすくなりました。

②はどうでしょうか。ここにも重みがありません。
スターバックスに行きたくなる理由が店舗デザインにあると言っていますが、それならそれが一番ダイジで、他社より優れているのだとしなくては主張になりません。

誰にとって？ この発言者（私、としましょう）にとって。

どういうとき？ 外でひと休みするとき。

アタックZEROはなぜ売れた？

＼言いたいこと／
「アタックZERO」が売れたのは
豪華男性俳優陣のCMのお陰

誰の何の重みと差かに分ける

⇩

誰と重み

誰のどんなとき
主フが洗剤を
買うとき

ダイジなこと
機能よりもイメージ。
それはTVCMで決まる

つながり

原因

差

花王「アタック
ZERO」は
他社より豪華な
男性俳優陣の
CMを投入した

はっきり

⇩

誰と重み

誰のどんなとき
日本人の主フ層が
通常の衣料洗剤を
買うとき

ダイジなこと
イメージで決めるヒトが7割。イメージの
ほぼ9割方、TVCMで決まる

つながり

主な原因

差

花王「アタックZERO」
の初期CMでは、
若手俳優の松坂桃李、
菅田将暉、賀来賢人、
間宮祥太朗、杉野遥亮
を同時投入。
合計の推定出演料は
1億円以上で
競合に比べて大差

なので、②はズバリ、

「私は外でお茶をするとき、何よりも店舗デザインを重視するが、スターバックスは他社に比べてそれがもっとも優れているので行きたくなる」

と言い換えることで、はっきりした主張になるのです。

「道の駅」って何がダイジ？

最後に③です。「道の駅」とは一般道における休憩施設と地域振興施設などが一体となった道路施設です。国土交通省の旗振り[11]で、現在1180ヵ所が登録されていますが、多くが実質赤字経営（事業収入－事業支出がマイナス）に陥っています。

その黒字化には地域の特産品販売を頑張るのが一番だ、というのが③の主張です。

でも、**特産品販売が（他の何よりも）一番効く、というのであれば、まずは利益増のために特産品がダイジだ、と言いましょう。**そうでないなら、「一番だ」なんて言えるわけがありません。

特定品目やサービスの利益額を何割かアップさせるとして、それが重要かどうかはそ

11 物産施設の建設には農林水産省が補助金を出すなど、建設費の大半は国が負担する。しかし運営に当たる第三セクターの多くは赤字である。

の品目の、「今の販売額」×「今の利益率」で計算されます。それが大きければダイジだと言え、そうでなければ、どうでもいいことになるでしょう。

すると、③は、

「道の駅Aの収入の8割は物販である。その中でも特産品の販売が半分を占め、土産物品に比べ利益率も高い。黒字化のためには特産品の拡販がもっとも効果的である」

とでもなるでしょう。

本当でしょうか？　こう聞くと、かなりアヤシイことがわかります。

それくらいで埋まる赤字なのでしょうか。特産品販売の利益率はそんなに高いのでしょうか。ここからちょっと孤独な自問自答が始まります。

でもこれで、何を調べればいいのかがわかります。

さらに「重み」は今の販売額を基準にするのではなく、将来の伸びしろを基にハカるべきかもしれません。そうしたら、今は比率が小さいレストラン事業こそがダイジで、「一番効く」施策になってくるのかもしれません。

いやそもそも、収入は施設への集客数で決まります。その集客に一番インパクトのあるのは物販でもレストランでもなく、イベントや併設の温泉施設なのかも……。

さあ利益増への貢献という「重み」を何でどうハカりましょうか。そしてそのときの他との差はどうなるのでしょうか。よくよく考えましょう。

自分の言いたいことが、固まってきましたか？

えっ、**なんとなく言いたいことがあったのに、疑わしくなって振り出しに戻っちゃった**、ですか……。

とてもいいことです。それこそが『重要思考』の価値あるところなのです。

差と重みの間を行ったり来たりしながら、本当にダイジなことを見定めましょう。

06 ツイッターはなぜ大震災時にユーザー数を伸ばしたのか

大震災後のツイッター躍進の原因を考える

『重要思考』での考え方を、もうちょっと練習してみましょう。

２０１１年の東日本大震災でもっとも活躍したＩＴサービスはツイッターであり、グーグルでした。グーグルが震災後、即日立ち上げた消息確認システム「Person《パーソン》 Finder《ファインダー》」は、60万件以上の消息《しょうそく》情報を集め、提供しました[12]。

一方ツイッターは、それそのものが草の根の塊で、種々雑多《しゅじゅざった》な情報がネット上を縦横《じゅうおう》無尽《むじん》に駆け巡《めぐ》るための、もっとも効果的なツールとなりました。震災の月に、ユーザー数（ＰＣ使用）は一気に5割弱増え、１７５７万人となりました（ニールセン調べ）。

さて、このツイッター躍進のことを社内で議論するとして、まずは自分としてはどう主張しましょうか。躍進の原因は一体なんだったのでしょうか。

12 大手メディアによる安否情報のグーグルへの提供も画期的だったが、各避難所に張り出された手書き情報が草の根でアップロードされたことも大きかった。

「ツイッターってすごかったんだよ！」ではダメですよね。

『重要思考』でいきましょう。

2011年3月に増えた500万人のユーザーたちのことを、ここでは「3月新ユーザー」と呼びます。この**新ユーザーたちにとって、ダイジなことは、なんだった**のでしょう。そしてそれにおいて、ツイッターはどの程度、他の手段やサービスに比べて優れていたのでしょうか。

そういう順番で考えるのが、正当です。でも次のような順番でも構いません。ツイッターが他のSNSサービスに比べて、優れていることはなんでしょう。そしてそれらは、特に3月新ユーザーにとってダイジなことだったのでしょうか（次頁の図）。

前者が、**「ダイジなことから考える」**やり方で、後者が**「差から考えてダイジかどうかを確かめる」**やり方です。どちらでも構いませんし、どちらもできたほうがいいでしょう。

でも初めは、「差」だけ考えて終わらないように、「ダイジなことから考える」クセをつけるように頑張りましょう。

重要思考のアプローチ2種

たとえば、震災後のツイッター躍進*の原因

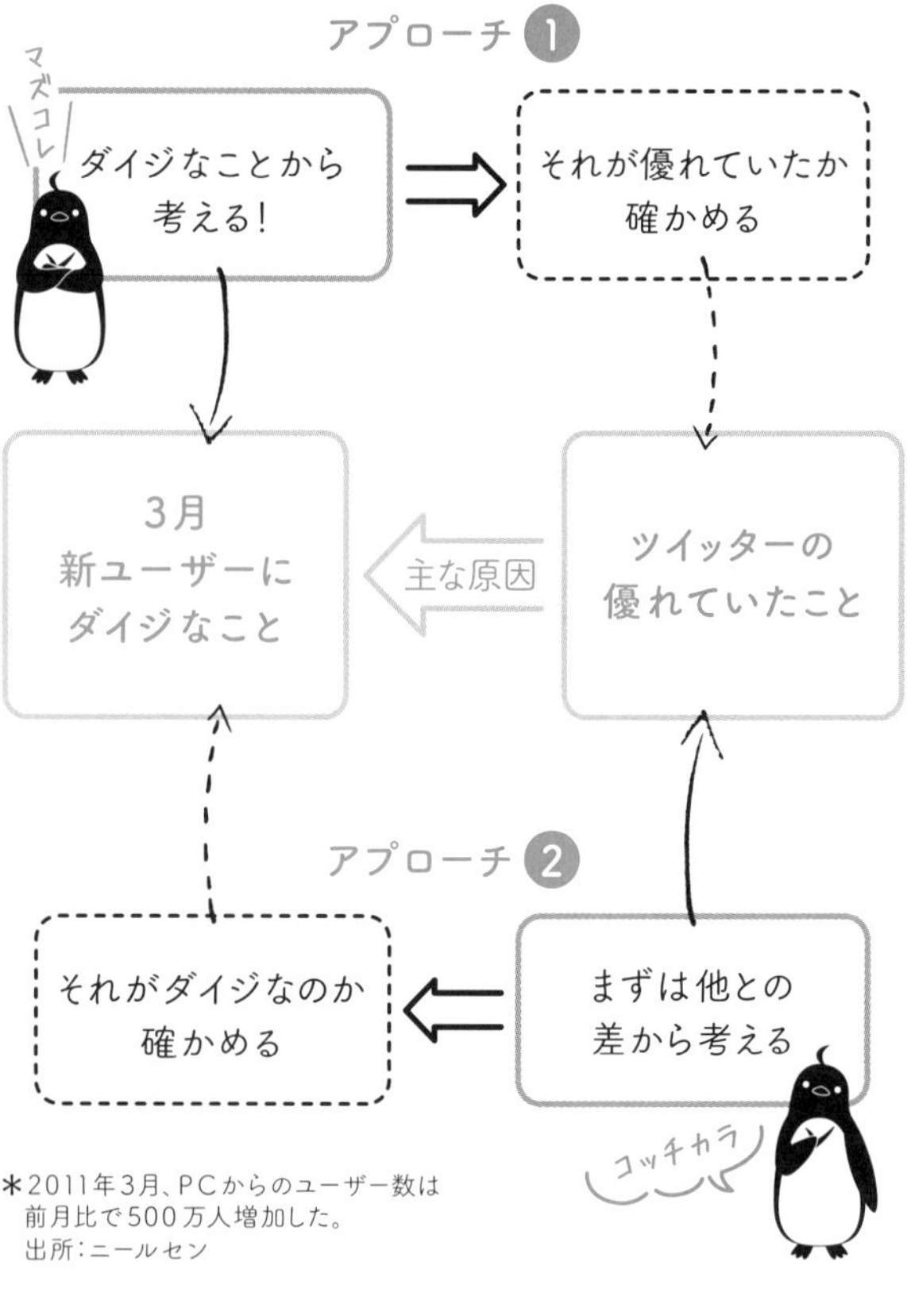
アプローチ 1
マズコレ
ダイジなことから考える!
それが優れていたか確かめる
3月 新ユーザーにダイジなこと
主な原因
ツイッターの優れていたこと
アプローチ 2
それがダイジなのか確かめる
まずは他との差から考える
コッチカラ

*2011年3月、PCからのユーザー数は前月比で500万人増加した。
出所:ニールセン

3月新ユーザーにとってダイジなこと

ツイッターの基本的な仕組みは、140文字以内による「ツイート《つぶやき》」と、他者を勝手に「フォローする[13]」こと。それにキーワード（とくに「ハッシュタグ[14]」）による検索・名寄せ機能。極論すればこれだけです。

全員が発信者であり、受信者であるわけですが、ユーザーのほとんどは「見るだけ」でつぶやかず、1日に1回以上つぶやく人は1割強に過ぎません。

でもその一部の発信者側は強力で、1日平均数十ツイートを放ち、国内2000万ツイートを支えています。

そして、そのフォローによるツリー構造に支えられ、ヒトの興味をひいた情報があっという間に「拡散」（拡散とは本来、広まって濃度が薄まることだが、ここではネットで使われる「広範囲に伝播《でんぱ》する」の意味で用いる）していきます。

さて、説明はこれくらいにして、3月新ユーザーがこんなに増えた理由を考えてみましょう。**彼・彼女らにとって、何がダイジだったのでしょうか。**

13 フォローをすると、そのヒトのつぶやきが、自分の画面でも自動的に見られる。
14 先頭に「#」をつけたキーワードのこと。

ユーザーがツイッターに求めるもの（利用し始めた理由）は、東日本大震災前だとこんな感じでした（2011年4月IMJモバイル調べ、複数回答）。

●有益な情報を収集できるから（47％）、有名人の書き込みが見られるから（39％）、楽しそうだから（39％）、知り合いの様子がわかるから（31％）

でも、震災後はこんな理由が大きく増えました。

●**非常時の連絡手段として利用できるから**（15％から39％に）

他方大きく減った理由もあります。

●楽しそうだから（39％から19％に）
●自分の考えや体験が共有できるから（27％から12％に）
●日記の代わりになるから（21％から10％に）

明らかに、3月新ユーザーは情報発信や楽しみでなく、**非常時の情報収集や連絡の手段としてツイッターを求めた**のでした。

そしてその**ダイジなことにおいて、ツイッターは非常に優れた能力（差）を発揮した**のです。地震にも津波にも止まることなく、よくも悪くも、偏ることなく。

「重み」をもっとはっきりさせる

ユーザーにとって本当にダイジなことを知るためには、「ダイジですか？」と聞くのではなく、こんな尋ね方をすると、よくわかります。

「この商品やサービスを知り合いに奨《すす》めますか？」
「奨めたい点はなんですか？」

ツイッターユーザーは、地震直後にツイッターが非常に役立ったと評価しています。それはフェイスブックユーザーに比べても顕著で、最高評価の「役に立った」が45％（「やや役に立った」は34％）に達します（フェイスブックでは30％と32％）。

結果、知り合いに奨めたいというヒトは全体の約6割。

そのヒトたちにその推奨理由を尋ねてみると、ダントツに高い項目が2つあります。

それが、

●有益な情報を収集できる（60％）
●非常時の連絡手段として利用できる（57％）

です。この回答は全体のものですが、3月新ユーザーもおそらく同様でしょう。かつ、3月新ユーザーの特色は、利用し始めたきっかけが「流行《はや》り」とか「周りがやっていた」ではなく、「知り合いに奨められたから」なのです。

●震災後、情報収集・連絡手段として用いる→その評価が高い→知り合いに奨める→その人が情報収集・連絡手段として使い始める→その評価が高い→……

といったサイクルが回った様子がうかがえます。
さて、これで説明になったでしょうか。

●問い：ツイッターが大震災後に数百万人の新ユーザーを獲得したのはなぜか？
●答え：震災後に新たに使い始めたヒトたちにとって重要だったのは**情報発信や楽しさ**

ではなく「震災情報収集」と「緊急連絡」手段の確保だった。それに対してSNSではツイッターがもっとも優れた能力を示したが、特に新規ユーザーは知り合いからの推奨によって使い始めたため、新規ユーザーが大きく伸びることになった。

どうでしょう？　まだ何か足りませんか？

そうですよね。ダイジなこと（重み）に注力しすぎたために、差のほうが曖昧です。

今度はこっちをなんとかしましょう。

「差」をもっとはっきりさせる

「差」の部分を、「それに対してツイッターがもっとも優れた能力を示した」なんて、さらっと言いましたけれど、何と比べてどうだというのでしょう。

範囲も程度もわかりません。これでは主張の「塊」として、失格です。

たとえば「震災情報の収集能力」を、他の手段と比べてみましょう。

テレビはその映像力を遺憾《いかん》なく発揮し、被災地の状況を流しつづけました。そのリアリティは圧倒的でしたが、すべてのテレビ局がまったく同じ行動（一番衝撃的な津波映像を流しつづける）をとったために、個別の情報（地域別、テーマ別、組織別）はほとんどが流れることなく埋もれました。

震災後数日は、携帯電話も使えませんでした。通話回線がつながらなくなっただけでなく、携帯メールや携帯専用サイトも大幅な遅延や混雑を招きました。

そのなかでも動き続けたインフラが、インターネットであり、なかでもクラウド型のシステムに守られたツイッターやグーグル、フェイスブックなどでした。

これらのサービスは、まずは**「大災害時の可動性」において、他のメディアに大きく差をつけた**といえるでしょう。

グーグルはすぐさま震災関連のサイトリンク集である「Crisis《クライシス》 Response《レスポンス》」を立ち上げましたが、ツイッターはそれを上回る情報提供源となりました。それは種々のツイッター公式アカウントによる情報提供が活発だったこと、そして、あらゆる情報の告知媒体としてツイッターが活用されたことにあります。

情報発信者にとっては、サイトにおける公式発表より、短文のツイッターのほうが手軽でした。その分、迅速に情報が提供されました。

また**「フォロー」の仕組みによりツイッターでは、情報が多数の相手に自動的に流れ、より素早く広範囲に拡散可能**です。フェイスブックは基本的に許可制の友人関係をベースにしているのでこれが限定的です。

ツイッターは「情報発信の容易性・迅速性」と「拡散力」がグーグルより、そしてフェイスブックより格段に優れていたわけです（次頁の図）。

ボトムアップ・アプローチで復習

今は「大震災後のSNSにおけるツイッターの躍進原因」をトップダウン的に（つまりダイジなことから）考えてみました。

逆でもいいのです。

震災直後のツイッターって何がすごかったかな？　から始めましょう。

- 止まらずちゃんと動いた
- いろいろな震災関連ツイートがいっぱい流れた

ツイッターの躍進原因

3月新ユーザー*にダイジなこと（重み）		ツイッターの優れていたこと（差）
使い始めは知り合いからの奨め	← 原因	満足度が高く推奨意向が高い
情報発信や楽しさではなく「震災情報収集」と「緊急連絡」手段の確保	← 主な原因	「大災害時の可動性」がテレビより優れ、「情報発信の容易性・迅速性」と「拡散力」がグーグルやフェイスブックより格段に優れていた

＊東日本大震災後からツイッターを使い始めたユーザー

- 信頼できそうで役に立つ公式アカウントがいくつもあった
- 自分が見聞きしたことをすぐ発信できた
- 気に入ったツイートをリツイートすることで、他の人とも共有できた
- 被災地からの生の声や叫びが伝わって、人々が動いた
- デマもいっぱい流れた
- 東電・原発関係者や枝野幸男官房長官への応援メッセージも多かった

まずは曖昧で構いません。塊やつながりを明確にする前に、**「これってダイジなのかな？」と考えてざっと選別**します。

でも**それは、誰にとって、なのでしょう。**

ツイッターの躍進を、新しいユーザーの大幅増加、としているので、「誰」は「3月新ユーザー」です。

震災以降新しくユーザーになったヒトたちは、これらのことをすべてすごいと思っていたのでしょうか。彼・彼女らは、ツイッターに何を求めていたのでしょうか。

もちろんデマを求めていたわけではありますまい。どんどん発信するタイプのヒトたちでもなさそうです。

わからなければ、周りの人に聞いてみましょう。

もしくはそういった**ユーザー調査がないか簡単に調べてみましょう。**そして、ありそうな「差（ツイッターがすごかったこと）」に絞り込んで、それが本当に「3月新ユーザー」にとってダイジなことだったのか、を調べていくのです。

そうすると、IMJモバイルの調査データにぶつかって、ダイジなことが発見できました。

トップダウン（何がダイジかを先に考えて、その差を調べる）も、ボトムアップ（どんな差があるかを先に考えて、それらがどれくらいダイジかを調べる）も、どちらも『重要思考』です（左図）。

行き着く先は、同じです。行きやすい道を、行きましょう。

トップダウン 対 ボトムアップ

3月新ユーザー*に
ダイジなこと(重み)
震災情報収集
緊急連絡手段
トップダウン
ダイジなことで差があったか確かめる
ボトムアップ
各々の差がダイジかどうか確かめる
ツイッターの
優れていたこと(差)
ちゃんと動いた
情報が多かった
公式情報もあった
簡単に発信
簡単に共有
…

＊東日本大震災からツイッターを始めたユーザー

07 NG態度「座って悩む」

悩みとは思考の停止である

論理思考とか『重要思考』だと言っているのに、思考自体が止まっているのではお話になりません。そう、**悩む、とは（ほぼ）思考停止の状態**なのです。

悩みは感情です。脳の作用の1つです。

思考が堂々巡りをして前に進まなくなっていると、脳が「悩み」という信号を発します（たぶん）。そしてそれが危険で無益であることを伝えるために、悩みはこんなにツラい感情の形をしているのでしょう。

でもそれが重すぎるがゆえに、**ヒトはすぐその悩みの海に沈んでしまいます。**そしてイスに座って机に向かったまま堂々巡りをつづけます。ちっとも進みはしないのに。

せっかく、脳が「止まってるよ」とアラートを出してくれているというのに、もったいないことです。

話すことで考える

止まっている思考を動かすのに一番なのは、「ヒトと話す」ことです。

考えるというのは、自分に向かって話す、状態なのですが、自分は自分に対して甘すぎます。なんとなくわかっちゃうので、ロジカルでなくても許されるのです。

他人に対してだと、脳もちょっと緊張します。ちゃんと説明しなきゃ、と思います。だからいいのです。

特に話すという行為は1次元的[15]です。最終的には音声で言葉を発して（もしくは手話で）記号を伝えていくしかないので、複雑なことは伝えようがありません。

なので**複雑曖昧な「思い」が、自動的に単純になります。**そこで失われるものもありますが、まずは曖昧さから逃れて自由になれもします。

そしてなにより、相手からの反応《レスポンス》が「思考」を進めます。

15「描く」はふつう平面を自在に使えるので2次元的。「思う」は3次元もしくは4次元的。

悩みの海からの脱出法

言語化するだけでも、悩みは減るが、
伝える努力で考えが整理される

理解されていないなら、なぜ理解されないかを考えますし、ダイジな点が流されてしまうなら、もっと重要さを訴えるにはどうすればいいかを考えます。

悩みの海から脱出するには、他にも「調べる」とか「寝る」という方法もあります。知識の深さでなく幅が、あなたを救います。海馬《かいば》による睡眠中の記憶整理・再構成[16]が、あなたに新たな智恵と余力を与えます。

しかしそれらの活用法は他書に譲って、ここでは「話すこと」の価値に集中します。ヒトに伝えることによって、自分の思考そのものが進むのです。ステップ2では、その「相手に伝える」ための技を見ていきます。それを通して、ステップ1で学んできた『重要思考』の使い方が、よりはっきりと見えてくるでしょう。

次頁で、ちょっとまたルークたちの大騒ぎをのぞいてみます。どうも、せっかくオープンした「カフェ・ドロケイ」で、困ったことが起きたようです。

16 レミニセンス(追憶)という機能。脳の一部である海馬は睡眠中に、短期記憶の整理とともに、その再構成を自動的に行う。『海馬　脳は疲れない』参照。

カフェ問答　その1

「カフェ・ドロケイ」オープン

どうして伝わらないの

重みと差で考える

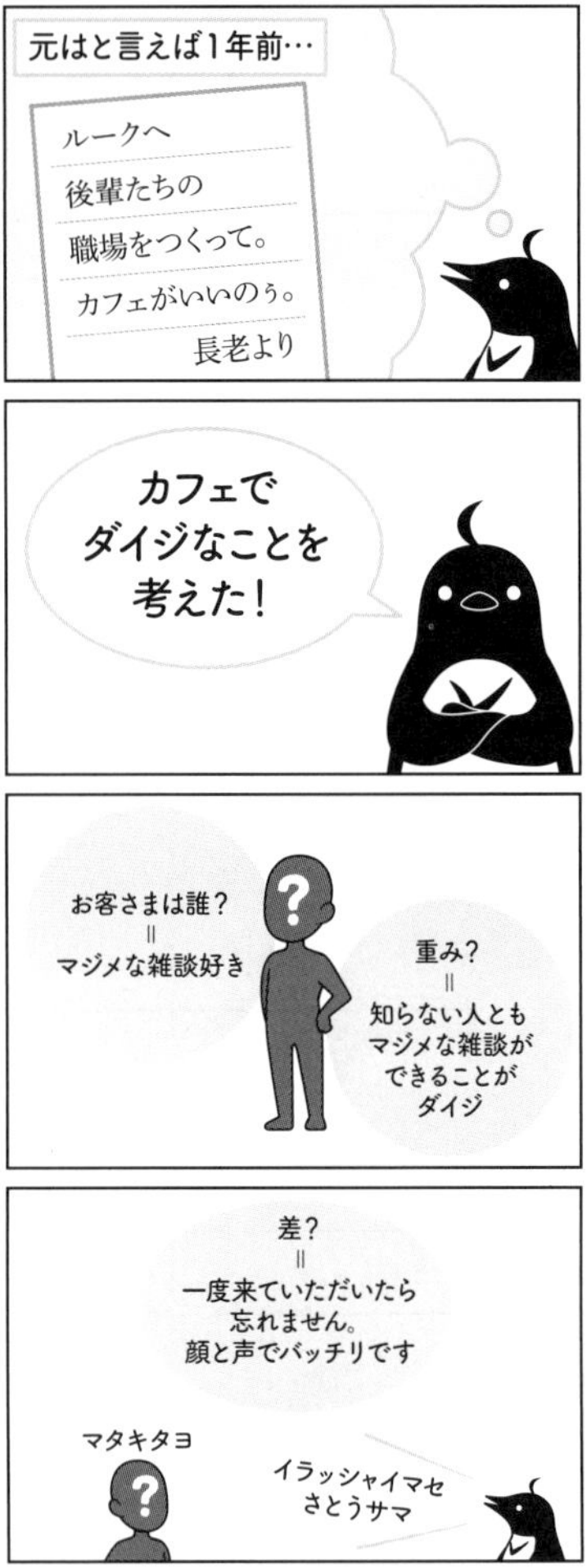
元はと言えば1年前…
ルークへ
後輩たちの
職場をつくって。
カフェがいいのぅ。
長老より
カフェで
ダイジなことを
考えた!
お客さまは誰?
||
マジメな雑談好き
重み?
||
知らない人とも
マジメな雑談が
できることが
ダイジ
差?
||
一度来ていただいたら
忘れません。
顔と声でバッチリです
マタキタヨ
イラッシャイマセ
さとうサマ

ホントにダイジなこと

デモサ
ホントは違うんだ…
ボクたち絶滅危惧種なの
人と共存するには…カワイイだけじゃダメ
ヒトから仲間としての尊敬を得る！
コリャタイヘンダ

Step 1の
一問一答式チェックリスト

1 ロジカルの超基本は○と○○○○

2 ダイジでないなら?

3 ダイジかどうかは「○○」で示す

4 夏の節電で一番「重い」機器は?

5 「CMで売れた」の前に「CMによるイメージが消費者にとって○○○」と言うべし

6 ツイッターユーザーが東日本大震災時に増えたのはなぜ?

7 悩みとは何? そのとき思考は?

8 止まっている思考を動かすのに一番なのは?

答え

1 塊、つながり 2 どうでもいい 3 重み 4 エアコン。ピーク需要の半分強 5 ダイジ 6 新ユーザーにとって「震災情報収集」と「緊急連絡」手段の確保がダイジで、ツイッターがそこで優れていたから 7 感情であり、思考上は停止状態 8 「ヒトと話す」こと

Step
2

言いたいことを相手に伝える

08 考えたまましゃべると伝わらない

話すには、単純化が必要

頭の中で「言いたいこと」が多少整理されても、そのメッセージを話して相手に伝えるのは、簡単ではありません。

新人コンサルタントだったとき、先輩にこう言われました。

「言いたいことを文章だけで書き下《くだ》せるかい？」

やってみると結構大変で、どうしても図とか絵に頼りたくなってしまいます。でもそうすると、曖昧な表現がいくらでもできてしまう。矢印、とかが典型です。文章に書き下す練習をすることで、思考のいい加減さがよくわかりました。

もうひとりの大先輩にはこうも言われました。

「1分やるから、面白いこと話せ！」

今度は書くことも許されません。まさに口頭で、話すことでしか伝えられないのです。文の構造が単純じゃないと伝わりませんし、文の間の関係もあまりひねられません。2回ひねったらもう終わり。それ以上ひねると、聞くほうは訳がわからなくなります。

ドイツ人のように構造がしっかりした硬い母国語で鍛えられていれば、相当のひねりに耐えられる[17]ようですが、日本語で育つとダメ。文章の意味を、なんとなく、で判断しているので、それを何段も積み重ねたら、相手どころか自分自身すらわからなくなってしまいます。

だから、一番単純なロジカル思考法である『重要思考』で話しましょう。**「重み」と「差」で話すのです。ダイジなところでこんなに差があります！　と。**

『重要思考』で話す

ステップ1で『重要思考』による考え方を学んだ方には、簡単……ですよね。でもちょっとだけ、復習しましょう。

17 ドイツ語では関係代名詞で文章をつないだり、関係節をどんどんつくるので、ドイツ人は長く多階層の文でも理解できる、とか。

●花王「アタックZERO」が売れたのは、CMの男性俳優陣が豪華だったから！

これではちゃんとした主張になっていませんでした。この後、CMのすばらしさをいくら強調しても、相手がこう思ったらおしまいです。「わたしゃ、CMじゃ買わないよ」だから**CMのすばらしさを訴える前に、CMのダイジさを伝えなくてはいけません。**

●日本人主フ層が通常の衣料洗剤を買うときには、機能差ではなくイメージのよさで買う人が多く、そのイメージはTVCMでほとんど決まる

これはウソかもしれません。実際にはCMでなくネットで、ちゃんと使用者による口コミや評価をチェックしているヒトもいるでしょう。もしくは、店頭のPOPで新機能の説明を見て決めているヒトも多い[18]でしょう。

それでもこうやって主張することで、どこを議論すべきかがわかります。まずは「CMで決めるヒトがほとんどだ」と。そこで反論を待ちましょう。

これが『重要思考』で話す、ということです。

18 購入者へのアンケートでは「目立つ説明販促（POP等）があった」と機能差を理由に挙げる者が一番多く31.6%。CMは5.3%（ソフトブレーン・フィールド調べ）。

『重要思考』で話す

花王「アタックZERO」が売れたのは…

CMが豪華だったから!
どれだけ豪華かというと…

ではなくて…

⇩

洗剤を買う人は
TVCMでのイメージで
何を買うかを決める

アタックZEROのCMは
豪華男性俳優陣を起用して
圧倒的だったから!

＼CMがダイジだってまず伝える／

「差」である「CMがすごい」だけではなく、ちゃんとその「重み」＝「CMが購買者にはダイジ」をちゃんと伝えること。それだけで、その主張に格段の説得力が生まれますし、相手にとってわかりやすいロジカルなものになるのです。

なぜそれがダイジかをちゃんと伝える

本社から現場に、こんな指示が出たとしましょう。

「A商品の顧客Bさんからクレームが来たので、今後絶対このようなことがないようにしてください」

了解っ！　となるならそれでいいでしょう。でも、こんなのが毎日本社から降って来るなら、現場にしても受け止めきれません。は～い、と言って後回しでしょう。

本当に今回の指示が重要なのなら、ちゃんと次のように言いましょう。

- **A商品はダイジ**＝A商品はうちの基幹商品です
- **Bさんはダイジ**＝A商品の評価は口コミによって支えられていますが、お客さんのBさんは昔からのリピート客で、いつも周りの方に奨めてくれています

だから、このクレームには絶対ちゃんと対応しなくてはいけないのです。自社の将来がかかっています。よろしくお願いします！

次は、こんな指示だとどうでしょうか。

「有給休暇消化率が低い部署は、休暇計画表を至急提出してください」

メチャ忙しいのにこれ以上、書類なんかつくってられるか！　という声が聞こえてきそうです。でも、これが本当に必要なのであれば、どう伝えますか？

自分の会社だったら、で考えてみてください。答え（の例）は次頁の図に挙げておきます。

絵画や彫像でなく「短冊」を渡す感じで話す

『重要思考』で話すときのイメージは、七夕《たなばた》の短冊《たんざく》、です。願いごとを短く丁寧《ていねい》に書き、神サマ（相手）にしっかり渡しましょう。

考えていることを相手にちゃんと伝えたいと思うとき、いつものしゃべり言葉ではなく書いたものを読むつもりだとぎこちなくはなりますが、曖昧さがなくなります。かつ、

休暇計画表がダイジなわけ

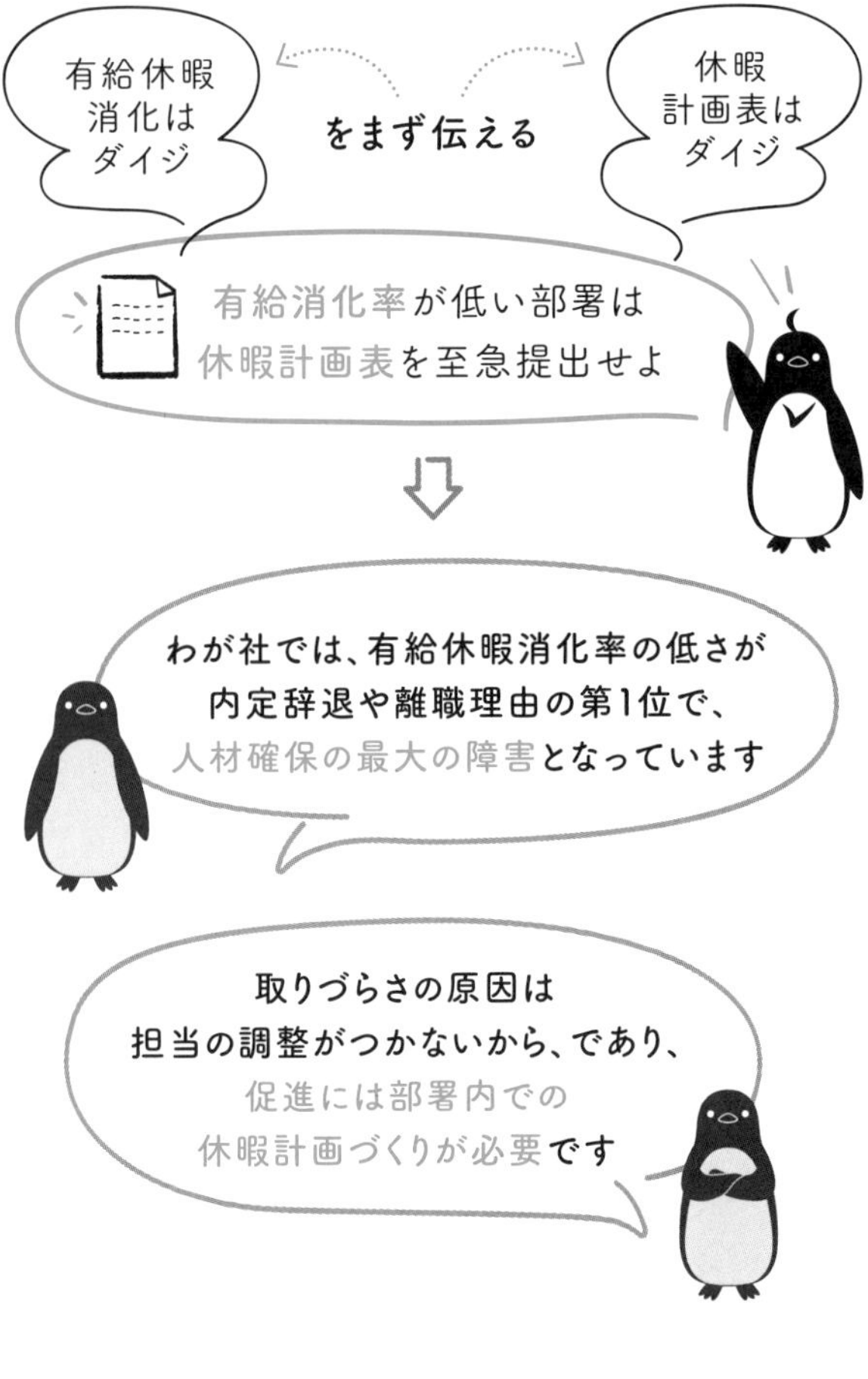
有給休暇消化はダイジ
をまず伝える
休暇計画表はダイジ
有給消化率が低い部署は
休暇計画表を至急提出せよ
わが社では、有給休暇消化率の低さが
内定辞退や離職理由の第1位で、
人材確保の最大の障害となっています
取りづらさの原因は
担当の調整がつかないから、であり、
促進には部署内での
休暇計画づくりが必要です

説明は2次元(絵)でなく1次元(文章)に

何かを伝えたければ、
ダイジなことから順に伝える

塊ごとに短めに区切ることが、口頭で理解してもらうには必須です。

なので**短冊一枚一枚を、読みながら渡す感じで、丁寧に話しましょう。**

絵があって、それを解説する感じだと失敗します。

絵は2次元のものなので、上下左右どちらにでも進めてしまいますし、説明もあっちに行ったりこっちに行ったりが可能です。本人はつなげて話しているつもりでも、聞くほうからするとジグソーパズルをパチパチはめられている感じで、中盤までは、全体どころか部分がどうなのかも見

言いたいことは短冊にする

昨日の夜遅くに、
我が社の家事代行サービスのお客さま
である佐藤さまから、クレームのお電話がありました。原因はわかりませんでしたが、今後決してこういうことがないようお願いします。家事代行サービスでは、既存のお客さまからのご紹介がほとんどで、なかでも佐藤さまはこれまでも多くのご友人を紹介いただいていますし、家事代行サービスは今後の我が社の柱ともなるべき事業です。大切にしましょう。

ではなくて…

家事代行サービスは
今後の我が社の柱

その成長は既存顧客からの
口コミで決まる

佐藤さまはそのなかでも
ダイジなお客さま

佐藤さまより昨晩クレームあり。
原因は不明だが全力で対応すべし

えません（前頁の図）。

もちろん立体のモノを思い浮かべてそれを理解させようとしても、ほぼ伝わりません。われわれの言葉はまだそこまで発達していませんし、それを限られた語彙《ごい》で表現し理解する能力もありません。

また、乱暴に（とまで言わずとも気楽に）話すと、内容もどんどん跳びがちになります。「～で、～で、～なんだよ」といった具合です。**言い切りの形である「体言《たいげん》止め」**は、格好いいですし余韻《よいん》もあるのですが、ありすぎて**実は曖昧**です。「A商品はうちの基幹商品」と言われても、「の1つ」なのか、「だった」のか、よくわかりません。でも、「～なのです」とか「でした」とつけるだけで、突如としてきちんと表現することに迫られます。

だから、丁寧に短い願いごと《メッセージ》を、短冊に書くのです。それを読み上げながら相手に渡す。そんなイメージで話すのが、『重要思考』での話し方です。

きっと伝わりますようにとの、願いを込めて。

09 『重要思考』で伝える

結論から先に言う～われわれはこうします。なぜなら

『重要思考』は単純です。実質的には「差」の部分（アタックZEROのCMがすごい！）と、その「重み」の部分（CMが売れ行きにはダイジ）の2つしかありません。

なので、話すときも、複雑なことはできなくて、「差」と「重み」のどっちから話すか、くらいです。

「差」の部分を結論、「重み」を前提とすると、**結論から話すのがロジカルの王道**でしょう。**でも日本人**は「状況の大変さをわかって！」「難しさを理解して！」と思う気持ちが強いのか、だいたい**状況説明（前提）から入ります**。

時間の大半をそれに使い、話はどんどん細かくなっていき、そのうちに自分でも言っていることがわからなくなって……崩壊します。相手も興味を失ったり、イライラし始

めたり。一生懸命なヒトほど、こうなります。
だからなるべく結論から先に。

たとえばマネジャーとして自分が担当している店舗に、問題があったとしましょう。状況はこうです。

- A店のスタッフBさんから自分に電話。泣きながら店長への不満を訴える
- Bさん曰く「C店長の下ではもう働けない」「C店長はスタッフに対して目標は守れと言うのに、自分では接客せず書類書きばかり」「接客法を相談しても、叱られるばかりでどうしてよいのかわからない」「スタッフ5人全員、やる気を失っている」
- 自分は来週マネジャー会議の予定もあり、この店舗の対応をする時間的な余力がない

でも自分としては、**会議を欠席してでも、早々にこの店舗を訪問して事実を確認して手を打ちたい**、と思っています。
さて上司にどう相談しましょうか。

「A店への訪問許可願います。なぜなら……」

上司に伝える「結論」はもちろん「A店舗への訪問および会議欠席の許可を願います」です。ではその**「前提」**をどう伝えるとよいでしょう。

『重要思考』で考えれば、なぜ自分がA店に至急直接訪問するのがダイジなのか、その重みを示す、ということになります。まず直接的には、**「深刻な問題が起きている可能性がある」**から。そして当然、**「A店がダイジな店舗だから」**のはずです。

もしこれで納得が得られないなら、さらにこの「深刻な問題」がどれほどその店舗にとって重いのかどうか、を伝えることが必要です。なので最後にこう付け加えましょう。

● スタッフからの相談内容は店長と全スタッフに関わることであり、店舗業績に大きく影響する可能性がある。至急、直接面談などによって事実確認をする必要がある

Bさんがどうとか、C店長がどうとか、そういうことはまさに枝葉末節、話す必要はありません。いわんや「スタッフ5人全員、やる気を失っている」などというただの伝

結論を先に言うパターン

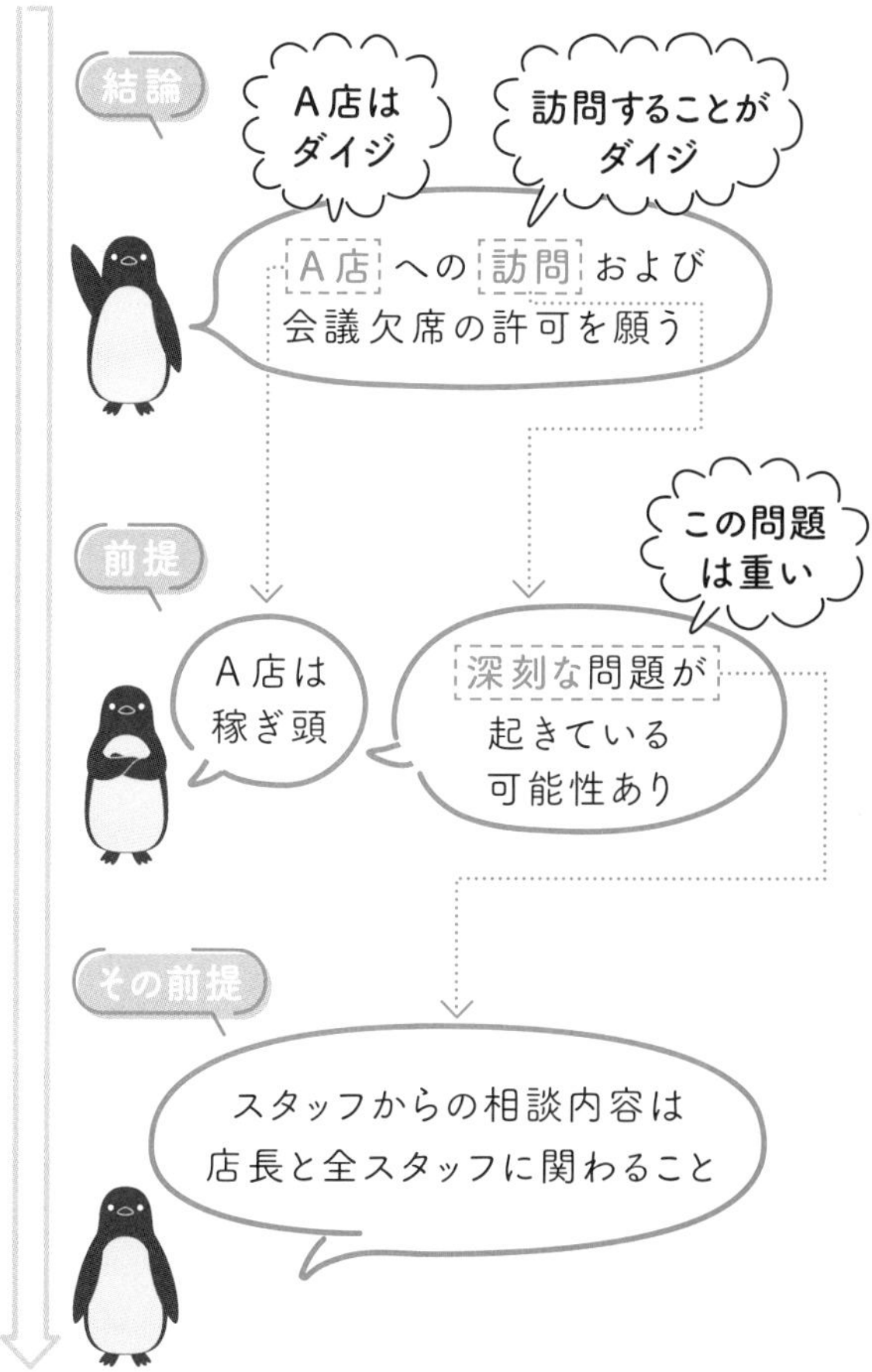
結論
A店はダイジ
訪問することがダイジ
A店への訪問および会議欠席の許可を願う
前提
A店は稼ぎ頭
この問題は重い
深刻な問題が起きている可能性あり
その前提
スタッフからの相談内容は店長と全スタッフに関わること

聞情報（しかも1人から聞いただけ）を今流すことは、害になるだけです。

結論を先に言いましょう。そして、相手の納得に必要な情報を、ダイジなところだけ付け加えていくのです。

それだけで、あなたの相談は、引き締まった時間効率の高いものになります。

結論をあとで言う～お客さまにダイジなのはこれです。だから

一方、結論をあとで言う話し方も、ときとして有効です。

それは相手が状況をホントにわかっていないときや、ものすごくせっかちな人（や逆にとてもゆっくりな人）のときにです。

その場合は、前提たる「ダイジなこと」をまずはきっちり伝えましょう。

ただ、間違えてはいけません。**状況や前提を全部話すのではなく、結論に必要な前提だけを話すこと。**話す順番を変えるだけです。

●昨日、A店のスタッフから相談を受けたが、これはA店全体の業績に関わる可能性の

あるものである

- A店は私の担当店の中でも稼ぎ頭であり、最重要の店舗である
- よって至急、A店を訪問して事実確認・対応をとりたい
- 来週、マネジャー会議があるが、その欠席とA店への訪問を許可されたい

という感じでしょうか。

繰り返しますが、これは話すときそうするというだけで、話し始める前から結論は明確でなくてはいけません。そして、それがダイジだと言うのに必要な「重み」の情報から、伝えるのです。

10 相手にちゃんと伝えるコツ

伝えることを1つに絞る

コンサルティング会社に就職して最初に言われたことは「ワンスライド・ワンメッセージ」です。

スライドというのは、報告資料の1頁のこと。同時にそれはプレゼンテーション資料でもあるのですが、その1枚当たり、言いたいことは1つだけにせよ！　なんでもかんでも詰め込むな！　という教えです。

ある意味とても贅沢な話ですが、伝えることの本質でもあります。

「一度に伝えることは1つに絞る」

いっぺんに3つも4つも伝えようとするのではなく、1つにしようと言っているだけ、です。とても簡単そうでもあるのですが、なかなか実行できません。

なぜなのでしょう。

それはおそらく、塊（↓30頁）や、つながり（↓33頁）が曖昧だから、なのでしょう。言葉そのものが、曖昧。つながりが原因なのか結果なのか相関なのかが、曖昧。何が前提で何が結論なのか、曖昧。一番ダイジなこと、が曖昧。

だから、ふわふわしたものが、ずらずらとつながってしまいます。

ロジカルの超基本、重要思考ができていないのです。これでは絞れません。

上司への報連相《ほうれんそう》に、もし上手下手《じょうずへた》があるとすれば、それはどれだけのことを伝えられるかではなく、どれだけのことを捨てられる（伝えない）かにあります。

だから**「1分で話す！」ことを自分に課してください。そうすれば、伝えられるのは、一番ダイジなことだけ**です。

捨てる技術や心持ちの話は、し始めたらきりがありません。でも、「1分で話す！」という枠を自分に課して『重要思考』をすることで、捨てられます。

段階ごとに区切って話す

せっかく伝えることを絞っても、それを次々といっぺんに投げつけたのでは、相手が受け止めきれません。

とても短く説明できて、相手が「どんどん話せ」と言うならそれもいいでしょう。

でも、**基本は「段階ごとに区切って話す」**です（102頁の図）。


ある研修でのこと。優先順位付けの問題を出し、まずは個々人で考え、そのあと数名ごとのチームで議論してもらう形にしました。

あるチームはたまたまベテラン1名、若手4名。ベテラン男性は若手たちに請われるままに、チームディスカッションの口火を切りました。

「オレはこういう前提で、こう考える。そうすると戦略としてはこうなって、そのためにはこれが必要で、結論としてはこういう優先順位付けとなるな」

途中で口をはさむヒトもいなかったので、彼は一気にその主張を述べ切りました。内容的には、ほぼ正解です。かつ正しい構造（前提と結論の組み合わせ）でした。

でも、そのあとはしっちゃかめっちゃか。

若手たちは全部聞いたあとで、気になるところへの意見をそれぞれ、話し始めます。「ボクは、前提はこう考えました」「優先順位での一番は、違うんじゃないですか」「ワタシは戦略って他にもある気がします」「それより、もともとこの問題って……」

伝えるときには、一段ずつ、階段を一歩一歩上りましょう。

いっぺんに全部進もうと思うと、逆に失敗します。急がば回れ。「重み」や「差」で、1つひとつ区切って話してその段落ごとで、決着をつけながら進みましょう。

短く話す。言い直さない

ヒトが一度に受け止めきれる情報量には限りがあります。

ヒトの脳には受け入れた情報を一時的にプールする「ワーキングメモリ[19]」と呼ばれる機能があり、その容量は極めて限られていることがわかっています。

15秒以内に、90%の情報が忘れ去られ、それを超えて保持できるのは、数字であれば7つ、文字では6つ、単語では5つしかありません。

19 短期記憶はワーキングメモリの一部。ワーキングメモリは、記憶だけでなく、他の処理機能との情報の出し入れなどの役割を含む概念。

段階ごとに区切って話す

家事代行サービスは
今後の我が社の柱
モチロン!
その成長は既存顧客からの
口コミで決まる
ソウダヨネ
佐藤さまはそのなかでも
ダイジなお客さま
ヤッパリ
佐藤さまより昨晩クレームあり。
原因は不明だが全力で対応すべし
エッ!マズイ

それらがうまく塊になっていれば、それごとにまとめられていくので、一度に処理できる情報量は上がります。しかし、そうでなければ脳のワーキングメモリはあっという間にあふれてしまいます。

特に話し言葉の処理は大変です。相手の発した音を単語に変換し、そこから記憶と照らし合わせながら意味を抽出し、前後を参照しながら文章の意図を理解するという作業は、大変高度な処理なのです。

文章が長いとその保持にワーキングメモリがとられ、文の理解や処理が回らなくなります。長々話すと、それだけで相手は「何言われているのかわからない」状態になってしまうのです。

なのに、**相手の反応が悪いと感じると、ヒトはどんどん発言を重ねます。**

しかも同じような文章を、ちょっとだけ言い直してみたりします。例え話や事例を挙げるなら、まだいいのかもしれません。でも、似たような文章を重ねられても、相手は混乱するばかりです。

「5ワード以下で区切りながら、短く話す」「言い直さない」が鉄則です。言い直すくらいなら、同じことを繰り返しましょう。それがイヤなら、だまって相手が理解するのを待ちましょう。沈黙に、耐えながら。

相手に結論を言わせる

相手にちゃんと伝えるコツの最後に、ちょっとだけ高等技術を紹介します。

それが「結論を相手に言わせる」ことです。

これは『○○の交渉術』といった本には必ず載っている技術で「自己説得」とも呼ばれます。**ヒトは他人の言ったことより何より、自分の言ったことを信じます**から。

話の最後に相手に質問して、結論を言ってもらいます。

こちらの言いたいことと一致していれば大成功です。


ところが、これは言うほど簡単ではありません。

もともとその結論に肯定的なヒトなら、そんなことをするまでもなく、否定的なヒトなら、そんな罠に簡単には落ちないからです。

でも、『重要思考』で考えれば、なんとかなるかもしれません。

それはダイジなこと（前提）として、「最終目的」「判断基準」を示してまず合意を得る方法です。そして「選択肢」を示します。

相手は「選択肢」のところで、文句を言うかもしれませんが、相手の求めに応じていくら増やしても構いません。その中に押したい結論さえ入っていればいいのです。

もちろん、判断基準に従えばその結論が最適解になっていないと困りますが。


いや、そんなぎりぎりの交渉術でなくとも構いません。

「伝えることを1つに絞る」「段落ごとに区切って話す」「短く話す。言い直さない」を、努力してやりとげたのであれば、大丈夫。相手が、こちらの伝えたいことを、受け止め、理解し、考える時間があったということなのですから。


最後に、自信を持って白紙の短冊を相手に渡しましょう。

「ということであれば、結論はどうなるでしょうか？」

11 NGワード「～が1つある」

「その原因は、～ということが1つあると思います」はダメ

社会人大学院では「ケーススタディ[20]」をよくやります。架空でなく実例なので、みんな自分なりの感覚や経験、意見を持っていて発言も活発です。

ある商品が大ヒットしたとします。私は尋ねます。

「この商品が成功した原因はなんだろうか」

すると受講生たちは必ずこう答えます。

「この商品が成功した原因は、○○が△△だったということが、1つあると思います」

あらそう。△△ということが原因の1つなのね。

ちょっとそのまま流してみます。そうすると今度は別の受講生が勢いよく答えます。

「私は××が□□だったことが、原因だと思います。そのお陰でイメージがよくなって

20 実際の企業事例を使ってその成功・失敗原因を探ったり、戦略立案の練習をしたりする学習法。

みんなが買うようになったので」

ふむ、今度は□□が成功の原因の1つだ、と。そして次の受講生が……以下同文。

私は言います。「それらは多分、全部正しい」「でもほとんど全部、間違っている」

「～ということが1つあります、なんて言い始めたら、100コでも言えるよ。それらは多分、すべて大ヒットに大なり小なり寄与しているだろう」

「でも、そんなことが知りたいんじゃない。**一番ダイジな、たった1つの原因を、知りたいんだ**」

「one of them じゃなく、the only、the most だと言って欲しいな」

「～が1つある、とか、～ということもあります、は、使用禁止！」

「～が一番大きな原因です」と言う

おもしろいことに、**「1つある」を禁止するだけで受講生たちは、『重要思考』で考えるようになります。**

といっても最初は「～ということが、1つ……いや、一番大きな原因です」と言い換えるだけ。

でも、「1つある」なら「そうだよね」で流せますが、「一番大きな原因です」だとそうはいきません。**「なぜ一番大きいかというと……」とつづけることになります。**

それが、『重要思考』です。『重要思考』で考え、伝えることそのものです。

もちろん、「なぜ一番大きいかというと」の先がうまくつづくかどうかは、わかりません。というよりほとんどの場合、途中で説明が崩壊します。

「う～～ん、一番ダイジではない気がしてきました」

そう、それでいいのです。**自分の主張（思いつき）に対して、それが一番重要なのかと自問する。**一番重要と言えればよし、言えなければ主張そのものを考え直す。

その繰り返しなのです。

自問がツラければ、気のおけない仲間を利用しましょう。

「と思うんだけど、これって一番ダイジかなあ……」「どうやったら一番重要！　って言える？」「それとも他にもっとダイジなことある？」

「〜が1つある」は無意味

たとえば、「はやぶさ」はなぜ帰還できた？

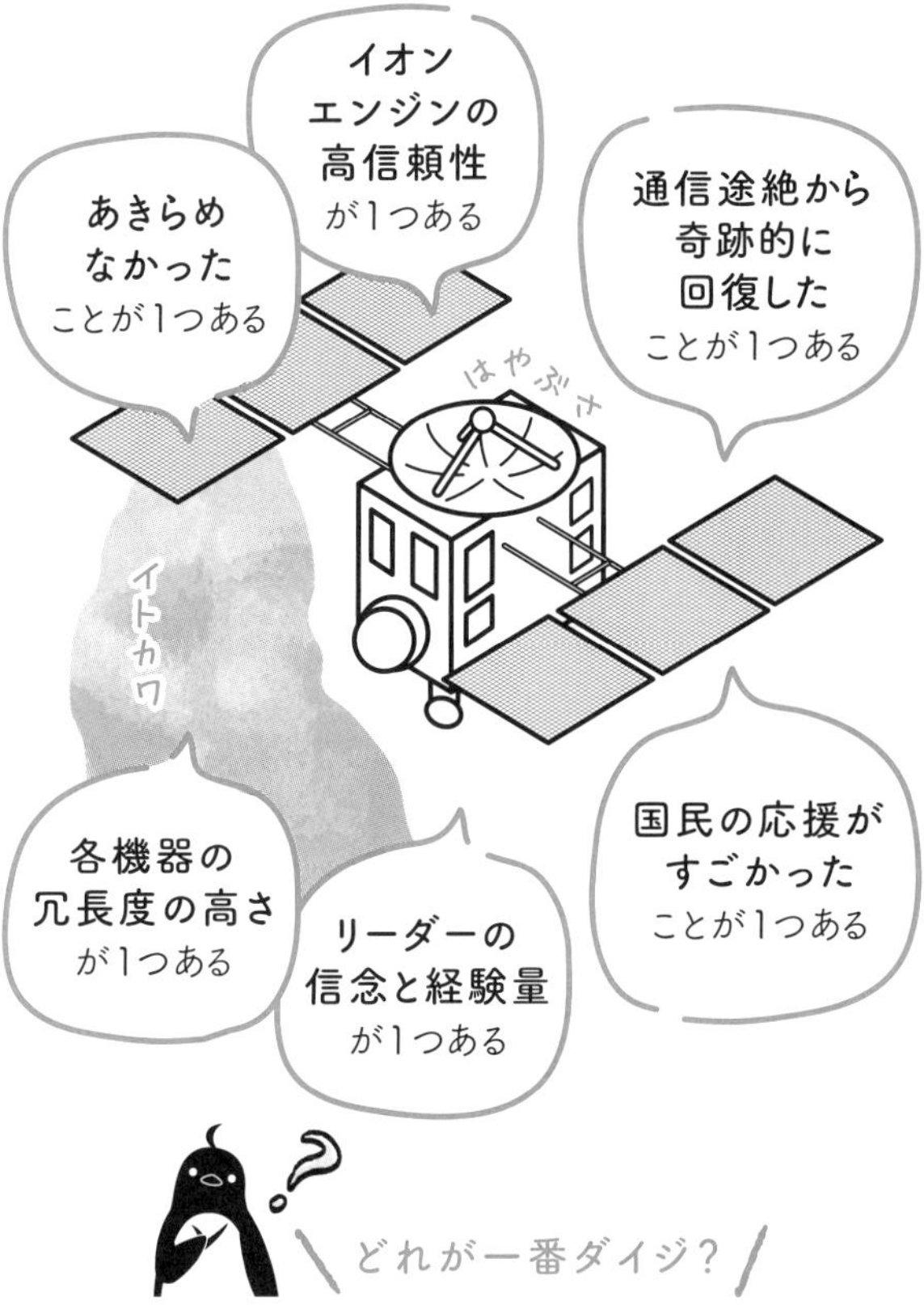
イオン
エンジンの
高信頼性
が1つある
あきらめ
なかった
ことが1つある
通信途絶から
奇跡的に
回復した
ことが1つある
はやぶさ
イトカワ
各機器の
冗長度の高さ
が1つある
リーダーの
信念と経験量
が1つある
国民の応援が
すごかった
ことが1つある
どれが一番ダイジ？

カフェ問答 その2

伝えるための猛特訓

猛特訓2日目

「短冊」の練習!
カフェ・ドロケイの存在価値は…
「単純化」の練習!
「段階ごと」に… これ、カイダン?
やっぱり…まずは声を鍛えなきゃ
月夜にカラオケ
逃げたか…

ダイジなコトが、伝わった！

でもまだちょっと一方通行

まだこんな感じ…
ONE WAY
こんなのが、いいなあ
こんなのとか
バシッ
キエエ
こんなのでも
ドスコイ～
ダメ？

Step 2の
一問一答式チェックリスト

1 『重要思考』で話すとは、「差」だけでなくその「○○」を伝えること

2 相手があまりにせっかちなときには○○はあとで言う

3 最高なのは最後に○○を相手に言わせること

4 一度に伝えることは、いくつが適当？

5 そのための練習として「○分で話す！」

6 人間が一度に記憶しておける単語数は？

7 いっぺんに起承転結全部は話さず、○○ごとに区切って話す

8 『重要思考』で話すときの使用禁止用語は？

答え

1 重み　2 結論、答え　3 結論　4 1つ　5 1
6 5つ　7 段階　8 〜が1つある

Step 3

相手の言いたいことを理解する

12 「バカの壁」をどう超える

話せばわかる、のウソ

養老孟司《ようろうたけし》さんは『バカの壁』（新潮新書）で言いました[21]。「話せばわかる」などと思ってはダメ、**ヒトとヒトの間には高く分厚い「無理解（バカ）」の壁がある**のだ、と。

- **理解力の壁**：ヒトが相手を理解する能力には限界がある
- **思い込みの壁**：ヒトは思い込みによって理解そのものを拒む

前者はまあ当たり前です。同じことを言われても、個々人の受け取り方は同じではありません。必ずズレます。ただ問題はその「程度」。ズレが甚《はなは》だしいと、意思の疎通ができなくなってしまいます。

21 書き下ろしではなく、語り下ろし。養老孟司が新潮社の編集部の人たちに話した内容を文章化したもの。ゆえにかなりのぼやきと曖昧さや矛盾が含まれる。

後者はもっと深刻です。ヒトは知りたくないことに対して理解などしないし、思い込んだことに対して耳など貸さない、ということなので。これは最大最強の思い込みともいえる、唯一神型の宗教（キリスト教、イスラム教など）間の対立を見れば明らかです。

そして**ヒトは、理解できない相手のことをバカ（無能もしくは狂気）だと断ずる**のです。「話す余地も価値もない」「もう話さない」と。

これらを解決するには、価値観そのものを一元論（正しいことは1つしかない、という思い込み）から多元論（正しいことはいくつもありうる）に変えなくてはいけないと、養老さんは結論づけます。

バカの壁、のウソ

あれ、おかしいですね。これ（だけ）では解決になりません。

多元論になったからといって、**相手に対する理解能力が低いままでは、相手をバカだと感じて「話さなくなる」まま**です。

それでは多少価値観が変わっても、事態はあまり変わりません。しかも、ヒトの価値観を変えるなんてH難度の荒技（床運動だと後方かかえ込み3回宙返りとか）です。

思い込みの壁を崩す努力も尊いですが、それよりは**まず、理解力の壁をなんとかしましょう。相手を理解する能力を上げる**べく、努力するのです。

言葉の解釈がズレているなら、確かめて補正しましょう。価値観が（多少）ズレているなら、確かめて俯瞰《ふかん》しましょう。もし相手の考えそのものが曖昧なのであれば、それをはっきりさせるお手伝いをしましょう。

そう、これは『重要思考』そのものです。

- 相手は、何をどの程度すごい（**「差」**）と言っているのでしょう
- 相手は、本当は何をダイジ（**「重み」**）だと思っているのでしょう
- そもそも**「塊」と「つながり」**は、明確でしょうか

これらを明らかにすることこそが、相手の言いたいことを理解する、ということなのです。ただ黙って聞いていても、理解力の壁は超えられません。

1つひとつ、どうやるのか、演習を絡めて見ていきましょう。

「バカの壁」をどう超える？

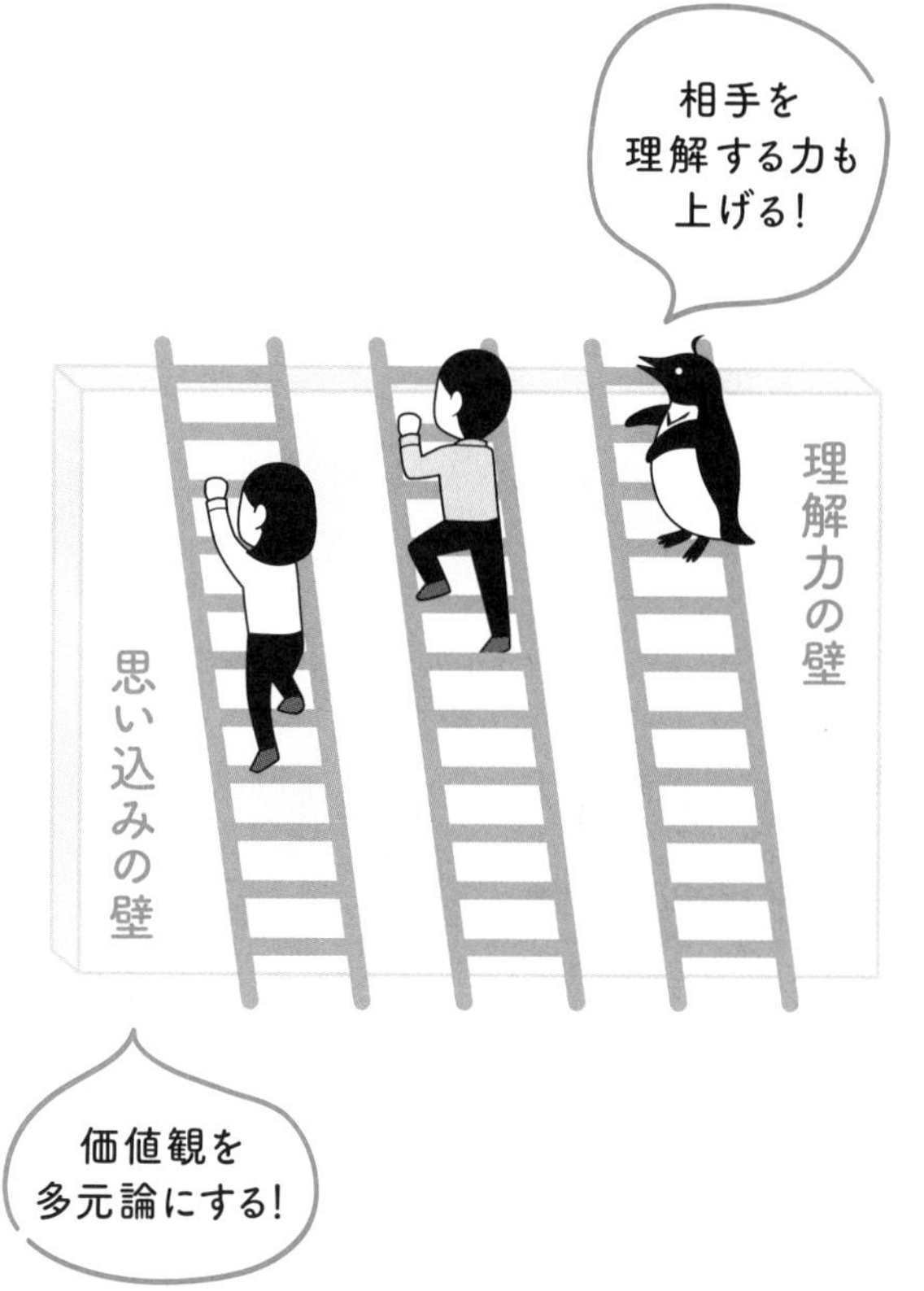
相手を
理解する力も
上げる！
理解力の壁
思い込みの壁
価値観を
多元論にする！

13 『重要思考』で聴く

相手の言っていることを『重要思考』で理解する

今、ステップ3にいます。ステップ4は最終目標である「すれ違いでなく、かみ合って、言いたいことが互いに伝わる会話・議論をする」なので、その一歩手前です。

ステップ1では考え方を、2ではその伝え方、話し方を練習してきました。

でも、いくら伝え方が上手になっても、それだけではただの演説です。**自分から相手へだけでなく、相手から自分への流れがなくては、コミュニケーションになりません。**

そのためには、相手の話を引き出し、理解し、それに対してまた自分の意見を述べることが必要になります。その繰り返しがコミュニケーションなのです。

問題は、そこでの「理解力」でした。

なぜ相手がしゃべる話は、理解しづらいのでしょう。

答えは簡単です。**曖昧で、「塊」や「つながり」が明確ではないから**です。羅列的で、「重み」と「差」が明確ではないからです。たとえばこんなことを友人であるUさんが言ったとしましょう。彼の言いたいことを、あなたはどう理解しますか？

「転職を、考えてるんだよね……」「今の会社も悪くないと思ってるんだけど、なんだか最近、自分の成長が止まってる気がしてさ」「今やっている保険代理店業は天職だと思っている。だからつづけたい」「実は将来、独立もしたいんだ。そのためには資金もいるからもっと給与も上げたいし、いいお客さんもつかんでおきたいよね」「今の会社でいいのは、客筋がすごくよいところ」「ハイリスクハイリターンの外資系を狙うか、国内のベンチャー系にいくか、今のまま頑張るか、どうするのがいいのかなあ」

ふむふむ。Uさんに、やる気があって、野望があって、転職願望があることはわかりました。そしてそのとりうるオプション（選択肢）も。

一番ダイジなこと（重み）は何？

でも、**Uさんが本当にしたいことが、見えません。**

「保険代理店業での将来の独立」なのでしょうか。独立することそのものは、単なる形の話。もちろんそこで「成功」したいのでしょう。まずはそこの確認です。

もし「いや、まあ、独立は、できたらいいなぁ、くらいで」と言われたら、ふりだしに戻って「将来どうしたいの」から始めなくてはなりません。

今回は、Uさんにとってキャリア上の目的を、独立しての成功とします。

● **一番ダイジなのは、**「将来、独立して保険代理店業で成功すること」

では**その実現のために、Uさんは、いったい何がダイジだと考えている**のでしょうか。

いろんな話がバラバラと出てきました。

「開業資金」「いい客筋」「自分の成長」……。

きっとどれも、独立に向けては「必要」なんでしょう。でも、全部をいっぺんには望めません。

どれが一番足りないのでしょう。もしくは、どの順番に解決すべきでしょうか。それが定まらない限り、どのオプション（転職か否か、外資系か国内のベンチャー系かなど）をとればいいかの判断は、できないでしょう。

次に明らかにすべきは、そこです。

オプション間での差はどのくらい？

ダイジなこと（重み）が定まったら、次は「差」です。あるオプションをとることで、そのダイジなことはどれくらい達成されそうなのでしょうか。

オプション間に大して差がないのであれば、Uさんへの答えは「どれでもいいんじゃない？」で、簡単です。

でも、大きく差があるのかもしれません。

今のままではそこが曖昧です。

Uさんの、当面ダイジなことが「自分の成長」と「いい客筋」だとしましょう。

『重要思考』で聴く転職相談

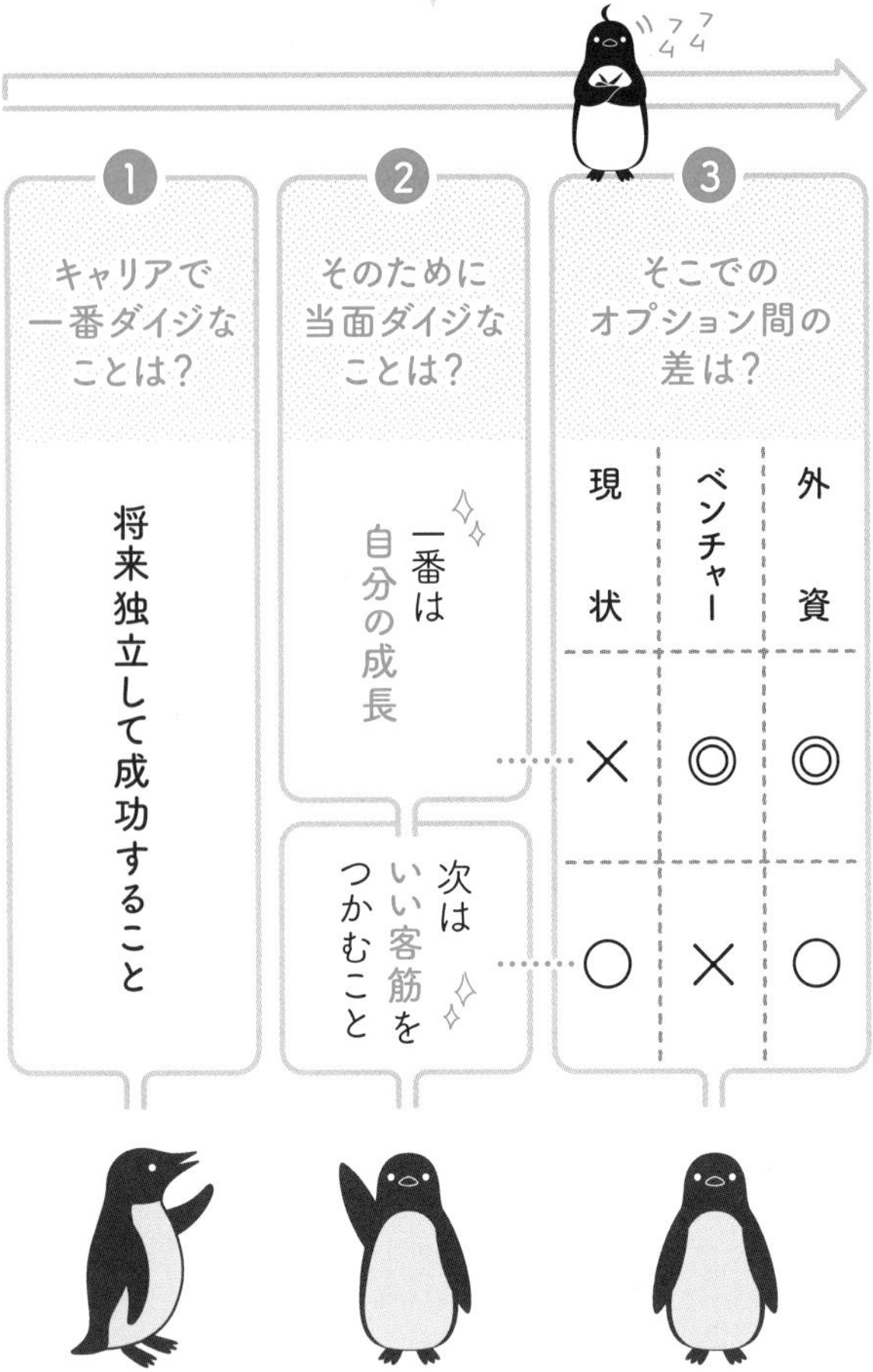
1
キャリアで一番ダイジなことは？
将来独立して成功すること
2
そのために当面ダイジなことは？
一番は自分の成長
次はいい客筋をつかむこと
3
そこでのオプション間の差は？
現状
ベンチャー
外資
×
◎
◎
○
×
○

それらのために、各オプションはどれくらいよさそうなのでしょう。もしくはダメそうなのでしょう。

その評価は簡単ではないでしょうけれど、そこが曖昧なままではやはり、オプションを比較しようがありません。つまり、決まりません。

多少乱暴でも、◎◯×くらいの評価をしてもらいましょう。

そうやってつっついて、出てきた話を整理してみると、ようやくUさんの「感じて」いたことが、理解できました（右図参照）。

こうやって、相手の話を理解していくのです。

● **一番ダイジなことは何？**
● **それを実現するためにダイジなことは？**
● **それらに対して、オプション間での差はどれくらい？**

そう、『重要思考』で聴くとは、**相手に『重要思考』をしてもらい、それを伝えてもらうということ**に他なりません。それが自分の理解力を上げる、ということなのです。

14 ちゃんと聴くためのコツ

聴くとは守りでなく攻めである

「ちゃんと聴く」ための技といえば、カウンセリングやコーチングでの『傾聴《けいちょう》スキル』が有名です。

傾聴の目的は、相手への指導や教育ではありません。自分の聞きたいことを「聞く」（尋問）のではなく、**相手が伝えたがっていることをちゃんと「聴きとる」**ことです。そしてそのために、相手が自分自身の考えを整理し、納得のいく結論や判断に到達するよう支援すること。そのテクニックのいくつかを挙げましょう。

- **受容**：うなずき・アイコンタクト・あいづち
- **明確化**：繰り返し・質問
- **確認**：言い換え・要約

つまり、ただ聞くだけではない、ということです。

カウンセリングやコーチング用語としての**「傾聴」は Active Listening**《アクティブ リスニング》の訳《やく》です。

うなずき、繰り返し、質問をしながら進めるのが、傾聴なのです。

「うなずき」などは、機械的にならないように気をつけましょう。すぐバレます。

「繰り返し」は、相手の言うことをほぼそのままリピートするだけなので簡単ですが、これもやり過ぎないように。

「言い換え」や「要約」は、聞いたままではダメなので大変ですが、失敗を恐れず**短く表現する**のがコツです。「つまりは、○○ということですか？」と相手に返すことで、「いや、そこまでじゃないんだけど」とまた相手の考えや説明が進みます。

ただし「要は○○なんだ！」と断定しないこと。たとえ正解でも相手は嫌がります。自分の考えを、違う言葉で言い切られるのは気分が悪いですし、自分の考えとズレていたら、こいつわかってない！となってしまいます。

あくまで「相手の意見の確認」であって「自分の意見の表明」ではないことをお忘れなく。

アクティブ・リスニング

受容（うなずき・アイコンタクト・あいづち）

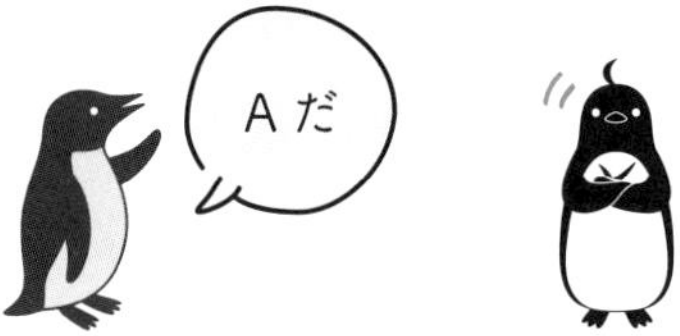

明確化（繰り返し・質問）

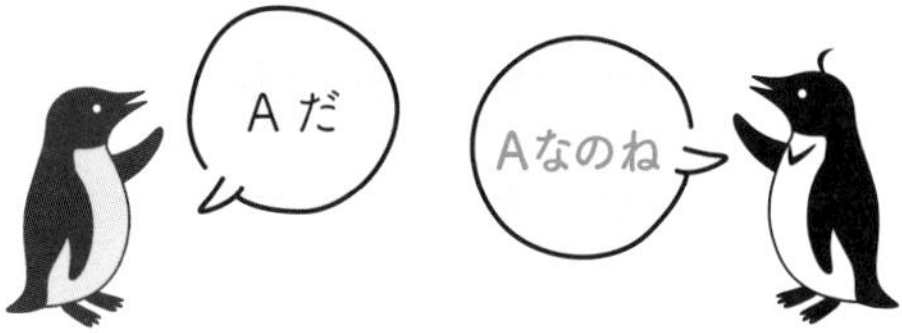

確認（言い換え・要約）

長すぎたらちゃんと切る

「相手の話は最後までさえぎらずに聴け」とコーチングの指南書は言います。

でも、現実にはムリ[22]です。

こちらが切らない限り無限に話しつづけるヒトがいるからです。いや、そこまで言わないまでも、**話がだらだらと無意味につづいてしまう**ヒトはいっぱいいます。

原因はそのヒトだけにあるのではありません。聞く相手が、止めない（反応して意見を言わない）から悪いのです。

相手が発言しないので、そのヒトは「ちゃんと理解されているのだろうか？」と不安になってどんどん説明をつづけるわけです。

だから、「話が繰り返しになったな」「もう2周目だ」と思ったら、切ってあげましょう。そのほうが、親切です。

もちろん、ストレス発散でただグチを繰り返したいだけの相手もいるでしょう。それはそれで、構いません。時間の許す限り、うなずきとあいづちを返してあげましょう。

でも、議論のための話なのだったら、**うまく「要約」を入れて、切りましょう。**

22 子ども相手にはさえぎらないことがとても大切なので気をつけて。

「今月は予算達成が難しくてその最大原因はこの猛暑だ、ということですね？」

「そこまではわかりました。次は対策について話しませんか」

感情や推測と事実や意見を分ける

『重要思考』の超基本は、塊とつながりを明確にする、でした（↓28頁）。

実はもう1つ大前提があります。それは**論理と感情を分ける、事実と推測を分ける**、ということです。

往々にして、ヒトの話には感情や推測といった曖昧なものたちが入り込みます。入ること自体はいいのです。ただ、それが入り混じってしまうと訳がわからなくなります。

事実なのか意見（や私見）なのかも、そう。

ヒトはついつい「虎の威」を借りたくなります。権威者の私見を、まるで自分の意見や、客観的事実であるかのように言ったりします。
その**自分の弱さを、認めつつ、頑張って分けましょう。**決して感情を、主張や議論に混ぜないこと。その瞬間、それは主張ではなく、グチになってしまいます。

感情や推測を分ける

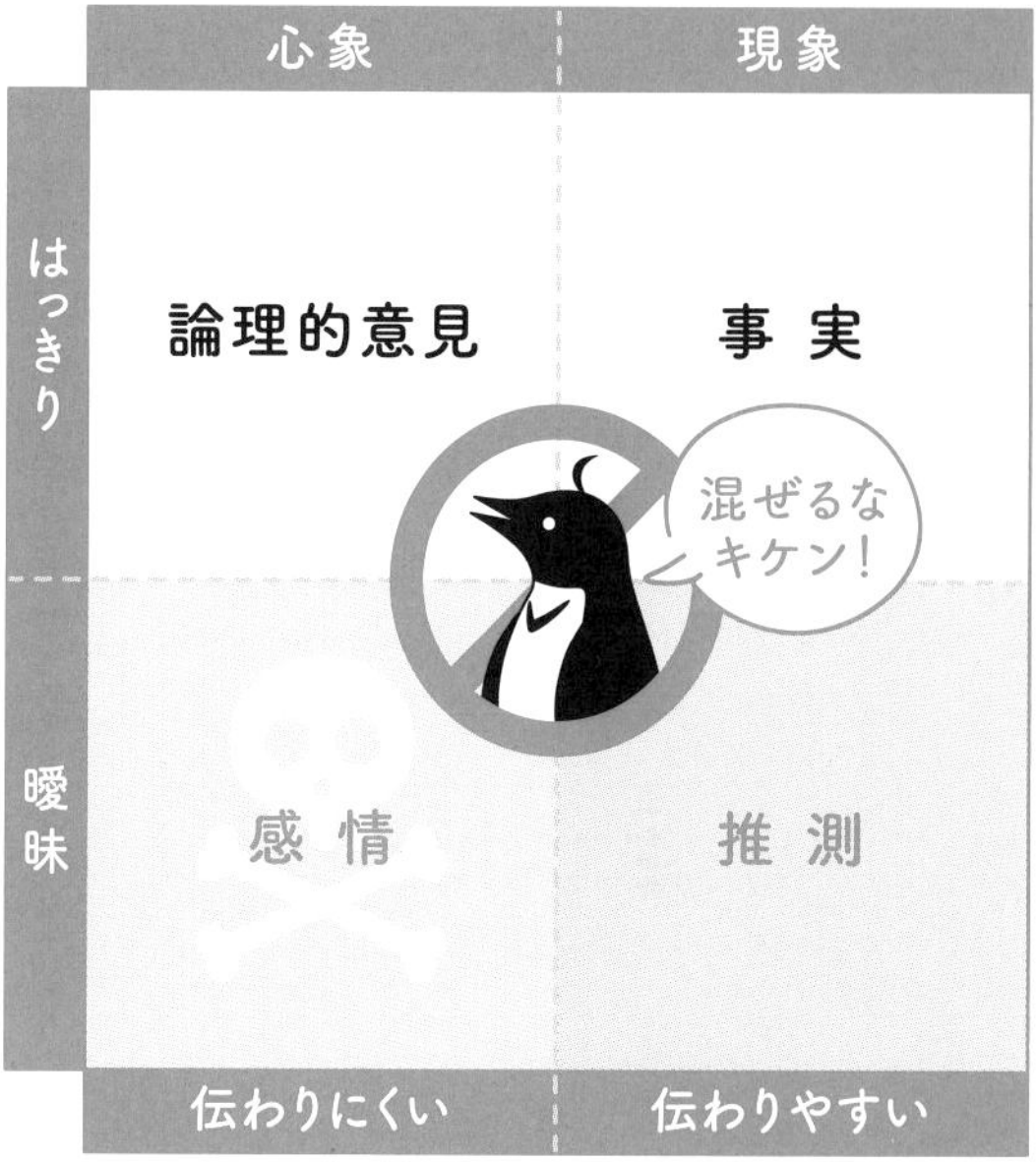

上司相手の傾聴とは

上司相手にアクティブリスニング。なんとなくやりづらいと感じませんか。

上司が滔々《とうとう》と話しつづけるのを聞きつづけるのは、まあ仕方がないかもしれません。

でも、それが業務指示であるならば、内容をはっきりさせなくてはいけません。

曖昧なまま受けたら、何をしたらいいかわからないですし、**重み（ダイジなこと）があやふやなまま受けたら、無限に業務をしなくてはいけなく**なります。

なので、上司相手にこそ『重要思考』で聴く傾聴スキルは発揮のしどころなのですが、それが使えないのでは困ります。

でもなぜ、だまって上司の話すことを聞きつづけてしまうのでしょう。

「今おっしゃったのは、こういうことですよね」と繰り返して明確化すると、気まずいですか？

「今の10コの指示の中で、一番ダイジなのはどれですか？」とズバリ尋ねたら、どうでしょう。上司を追い詰めたように感じますか？

上司もいろんな人がいるので一概に言うことはできませんが、ここでちゃんと聴けなければどんな職場でも、どんな仕事でも、うまくいかないと思うのであえて言います。

もし上司に対して「傾聴」ができないとしたら、それはあなた自身の感情の問題です。コワイ、とか、キライ、とか、気分よくない、とか。

もちろん高圧的な上司とか、イヤですよね。ホントに傾聴しづらいですよね。でも、そこはぐっと我慢して大人になりましょう。感情を、ちょっと脇においておくのです。

そうして、**まずはその上司にとってダイジなことを聴きとる**べく努力しましょう。すべてはそこからです。

この仕事を進めたいと思っているのか否か。この組織を大きくしたいと思っているのか否か。どこまでリスクをとるつもりがあるのか、まったくない[23]のか。

それらがわかれば、自分のやりたいことと摺《す》り合わせていけるでしょう。

「能力不足だが性格がいい上司」より「有能で性格が厳しい上司」を選べるよう、頑張りましょう。イヤだなあ～、という感情に負けないように！

23 直属の上司にまったくやる気がないとわかっても、一段上の上司にそれでいいのかちゃんと確認すること。「しばらく、開店休業でいいんですよね」と。

15 ほめる力～接客・営業に必須です

接客や営業ってなんだろう

接客や営業の基本は、お客さま（もしくは自社商品）を上手にほめることです。それによってその商品の価値が上がり、お客さまに気持ちよく対価を払っていただけるのです。

なのに店員さんや営業担当者のボキャブラリーは、圧倒的に不足しています。「かわいいっ」「すごすぎます」「お似合いです」だけでは寂しい限りですし、お客さまには何も伝わりません。

かといって、ほめる、とはただ華美過剰な言葉を並べることではありません。お客さまにはわかりますし、それでは信用を落とすだけです。

ほめるための極意は、まずは「聴く」こと。そしてそこで聴き取った「相手にとって

「ほめる」極意

❶ 相手がダイジと思っているところでほめる

❷ 他と比べて差をはっきりさせる

ダイジなところ」で差を具体的にほめること、です。

ほめるとは、『重要思考』そのものなのです。

「その色、お似合いですヨ」と言ったところで、お客さまが色使いより、服のデザインを重視する人だったら、そのほめ言葉にはなんの価値もありません。

それにただ「似合う」と言われても、極めて主観的な判断なので、お客さまから見れば「見知らぬ店員さんに言われてもねえ」となってしまいます。

たとえば、上着をどちらにするかで迷っているのであれば、他の選択肢と比べて、今持っているブラウスの色にマッチする、といった「差」を伝えましょう。

ほめる、というのは相手のダイジなところで、きちんと差を述べること、なのです。とっても役に立つ技なので、いろいろ、練習してみましょう。

相手の持ちモノをほめる～iPhone 12 mini

まずは簡単なところから。相手の持っているモノをほめてみましょう。

相手が最新の iPhone《アイフォン》 12 mini《ミニ》[24]（以降ミニ）を持っていたとします。自分は、iPhone

24 日本では2020年11月発売。税別74,800円（64GB）。

11[25]（以降11）をたまたま持っています。さあ、相手のミニを、どうほめますか？

「ミニってちっちゃいねぇ」「使いやすそう！」「ミニは5G対応なんだよね」

パッと思い付くほめ言葉はいろいろあるでしょう。**でも、それが相手にとってダイジでないなら、どうでもいいのです。**相手にとってなんの意味もありません。

だからまずは（重要思考で）相手にインタビューです。

「スマートフォンを選ぶときに、何をダイジにしているの？」

「ミニはどこが気に入ったの？」

相手がこんなふうに答えたとしましょう。

「私はYouTube《ユーチューブ》動画とかもつくってるから、やっぱりカメラの性能は気になるな」

「でも手が小さいから、とにかく大きくて重いのはダメ、絶対。特にこれまで使ってたのもSEだし」「デザインにはこだわるよ。色は渋めでOK」「何万円もは出したくないけど、5年に1回くらいしか買い替えないから気に入れば仕方ない」

25 日本では2019年9月発売。税別64,800円（64GB）。

これで相手の「ダイジなこと」がわかりました。

●ほめるべきポイント：小ささ、軽さ（デザイン、カメラ）
●そうではないポイント：色、価格

ほめるべきポイント（ダイジなこと）が絞れたら、今度はそこでの「差」です。自分の11と比べて、もしくは他社製品や世の中の平均像（もしあれば）と比べて、相手のミニの優秀さを、徹底的に示しましょう。

「価格.com」などの商品評価情報を使っても、いいでしょう。さまざまな側面でのユーザー評価が定量化されていますし、重さや大きさといったスペックも一覧できます。

●ミニは11に比べて、大きさ（面積）でも重さでも約3割[26]も少ない！

相手のダイジなところで、相手の他との差（卓越度合い）を明確に示す。それがほめるということなのです。

26 面積は26％、重さは32％少ない。SE（第2世代）よりも少し小さく軽い。

iPhone12miniをほめる!

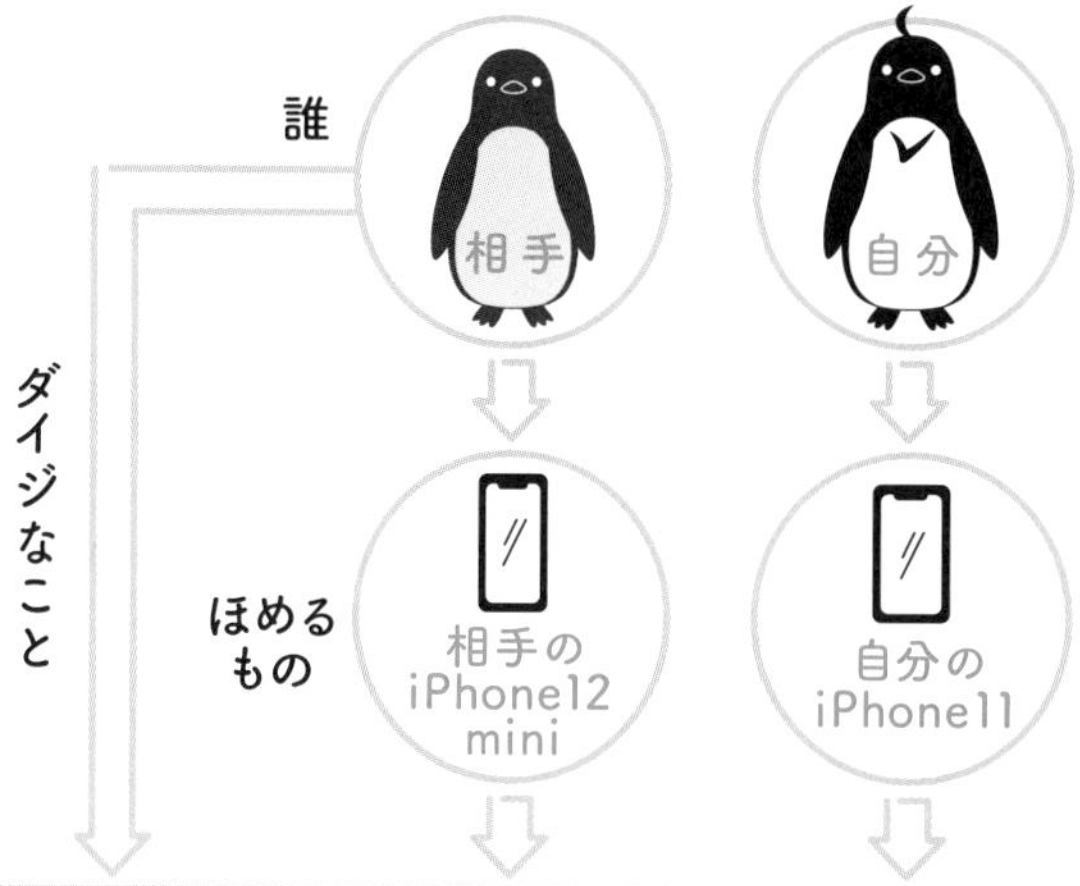

ダイジなこと❶
小ささ

比べて差を言う
ミニは11に比べて、面積だと26%!
特に幅が11.5mmも狭いのが
使いやすいよね

ダイジなこと❷
軽さ

比べて差を言う
ミニは11に比べて32%も軽い!
第2世代SEと比べても15g
軽いんだよ

ダイジなこと❸
デザイン

比べて差を言う
これは11と大体一緒だね(笑)。
でも普遍の美しさだ!

相手の性格や能力をほめる

モノであろうがヒトであろうが同じです。

今度は相手のモノでなく、相手そのものをほめてみましょう。

手順はまったく同じです。まずは相手に「何がダイジか？」とインタビューです。自分勝手に相手をほめるのではなく、まずは相手が重視していることを理解しましょう。

テーマは仕事力にしましょう。

ちょっと自信をなくしている同僚Mさんを、どうほめましょうか。 Mさんはこんなことを話してくれました。

「仕事で私が一番大切にしているのは、お客さまだよ。営業だから当たり前だよね」

「でも、本当にそうなの。直接、人のためになることがしたくて、無理言って経理から営業に異動したのが3年前。大変だったけど、よかったって思ってる」

「お客さまに喜んでもらうために、一番ダイジなのは相手の立場に立つ姿勢だと思う。これには自信あるな」

「ただもちろん、会社としての採算もとれないと、その姿勢は貫けない。だから数字に強いことも私の取り柄《え》かな。いつもちゃんと数字は見てるし、間違えないよ」

「なのに最近赤字の案件が多くてがっかり」

「競合が厳しいからなんだけど、それを乗り越えるには提案力を上げることしかないかな。いろいろ勉強はしてるんだけど、まだまだね」


Mさんの仕事力をほめるために必須である、「Mさんが仕事上でダイジにしていること」がわかりました。なによりもお客さまの喜びがダイジ。そしてそれを実現しつづけるために、仕事力としては、「①相手の立場に立つ姿勢」「②採算管理の数字力」「③提案力」が重要ということでした。ここでほめるのが難しいのは、「③提案力」の部分でしょうか。①②はMさん自身、自信をもっているので思い切りほめてOK。

でも③は、本人が「足りない」と自覚しているのでただ「すごい」というのは明らかに逆効果（もしくは誤解のもと）です。こういうときは、その絶対的レベルでなく、成長性や努力をほめるのが、良策でしょう。

これでMさんは、元気を取り戻してくれるでしょうか（次頁の図）。

相手の仕事力をほめる！

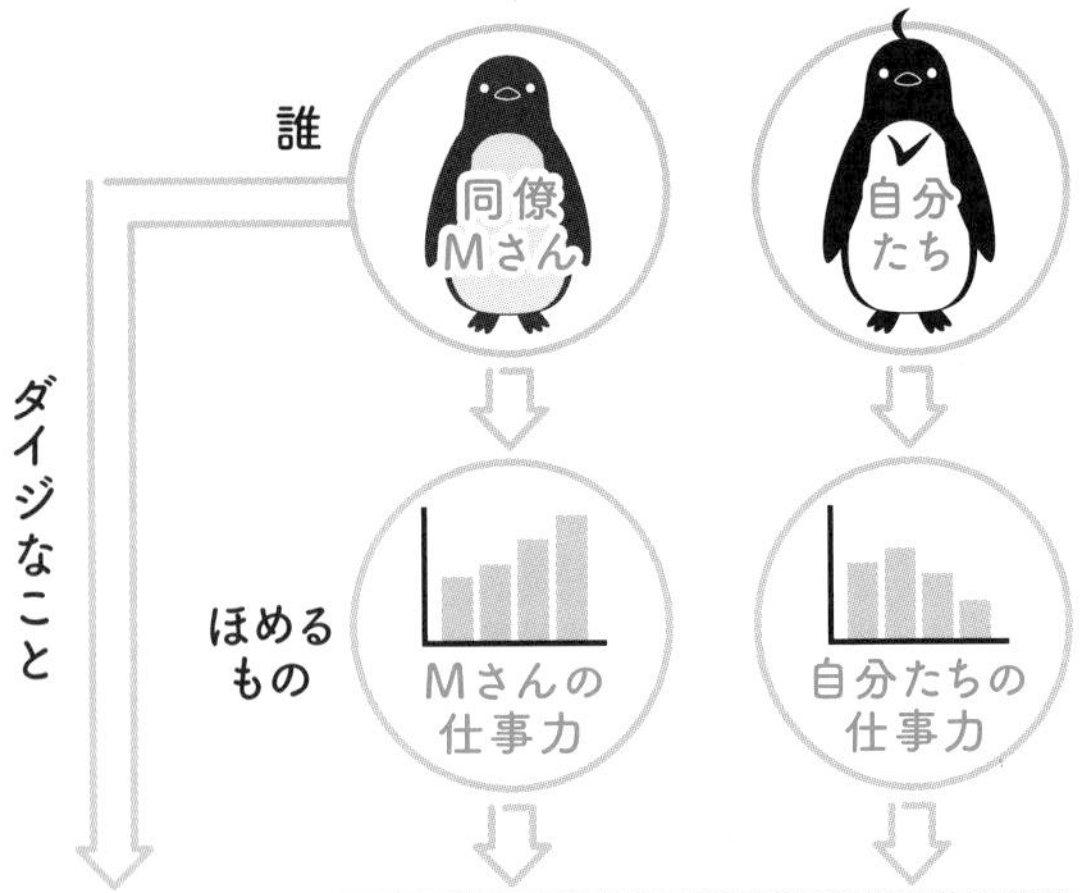
誰
同僚
Mさん
自分
たち
ダイジなこと
ほめるもの
Mさんの
仕事力
自分たちの
仕事力

ダイジなこと❶
相手の立場に立つ姿勢

比べて差を言う
Mさんと話してて思います。
いつもお客さまが主語だなって。
ボクらも見習わなきゃ！

ダイジなこと❷
採算管理の数字力

比べて差を言う
どの数字を見れば、何がわかるか、
Mさんはホント的確ですよね。いつも
助けてもらってます。尊敬してます。

ダイジなこと❸
提案力

比べて差を言う
価格競争にならないための提案力は、全社の課題ですよね。その中でもMさんは、自腹で社会人大学院に通ったり、勉強会を開いたり。提案内容もどんどんよくなってる気がします。負けませんよ～。

自分をほめる

ここまでは、相手をほめる話でした。

でも店頭接客や営業でもっとも重要なのは「自分をほめる」ことです。相手は、何よりもヒトを見ています。あなた自身が「すばらしい」のだと納得したいですし、そう思えたときに、あなたから買おうと思ってくれるわけです。

だから、上手に自分をほめましょう。手順はこれまでと、同じです。

- **相手が店員や営業担当者でダイジと思っていることを確認する**
- **それらの点で、自分や自分のチームがいかに優れているかを示す**

いやらしくなくサラリと、でも自信をもって「差」を強調しましょう。

そしてこれらは、採用面接や（たぶん）会食の席でも使えます。相手をほめ、そして自分をほめること。相手がダイジと思っているところで、アピールです。

16 NG姿勢「誤導としゃべりたい病」

傾聴対訊問。誘導尋問対誤導尋問

聞く（hear）と聴く（listen）の他に、**訊《き》く（ask）**があるといわれます。

しかし、訊く、は訊問《じんもん》（＝尋問）の訊なので、ask というより question や interrogate でしょう。

権威者が系統だった組織的な質問をおこなうことで、相手から強制的に返答を引き出すこと、が尋問です。そんな一方的な聞き方では相手の「納得」は、なかなか得られないでしょう。

尋問なんてことはしない！　とみな言うかもしれません。

でも、尋問のテクニックでもある「誘導尋問」ならどうでしょうか。

法律業務上、誘導尋問とは、回答する範囲を狭《せば》める質問のこと[27]**をいいます。**「はい」

27 一般に捉えられている「誘導尋問」は、後述する「誤導尋問」のこと。

「いいえ」で答えられる質問がそうです。

答える者の自由な思考を阻害し歪《ゆが》める可能性があるので、争いのある場面では決して使われません。「あなたは赤信号なのに車が交差点に入ってくるのを見たのですね」という尋問はアウトです。「異議あり！　誘導尋問ですっ」となります。

でも、**正当な誘導尋問も存在**します。

たとえばファーストフード店での「店内でお召し上がりですか」は誘導尋問ですが、正当です。「店内かテイクアウトか」しか選択肢がないからです。逆に「どちらでお召し上がりですか」と訊かれたら、きっとお客さまは困るでしょう。

「今日は何を召し上がりますか」が普通の質問で、「ランチセットはいかがですか」が（まあ正当な）誘導尋問です。

ちなみに、セットでもないのに「お飲み物は何になさいますか」ときたら、これは「誤導尋問」となります。飲み物を注文するかどうかはわからないのに、注文することを前提とした質問になっているからです[28]。

傾聴ってなかなか難しいのです。

28 西野法律事務所のHP「雑記帳～誘導尋問と誤導尋問」を参考にした。

傾聴は誘導尋問になりがち、との自覚を持つ

「正当な」誘導尋問はいっぱいあります。

一般社会では、**ものごとを明確化するとは、たいていの場合、「はい」「いいえ」で答えられる形に落とし込んでいくこと**でもあります。

そして、傾聴においておこなわれているのは実は誘導尋問そのものなのです。

相手の考えの曖昧さをなくし、自身で納得できる判断を下してもらうために、われわれは相手の言葉を繰り返し、明確化し、要約して尋ねます。

「○○ということなんですね」は、立派な誘導尋問なのです。

とはいえ、誘導尋問だから悪い、と言っているのではありません。**相手の思考を限定し歪《ゆが》める危険と隣り合わせなので気をつけよう**、と言っているだけです。

特に「要約による確認」のフェーズでは誘導が起こりがちです。自分の言葉で言い換えるからです。そこに相手でなく「自分」が入り込みます。

相手が「今回のクレームの原因の４割は自社にある」「しかし、同じく原因の３割は

顧客に、3割はサプライヤーにある」と言っていたとしましょう。結構複雑な状況です。

それなのに、「要は、今回のクレームの最大原因は自社にある、ということですね」と要約したら、それは担当歪んだ「確認」となってしまいます。

相手はしかし、「はい」と言い、かつそう思ってしまうかもしれません。


もしいきなり、「最大原因である自社での対応がもっとも問題だということですね」と要約したら、これは立派な誤導尋問です。

「自社が最大原因」かどうかは、議論の余地のあるところです。顧客がサプライヤーを指定していたのかもしれません。そうしたら「顧客＋サプライヤー」は原因の6割です。

なのにこの要約は、「自社が最大原因」だということを前提としたものになってしまっています。やってしまいがちですが、これは論外です。


「○○なんですね」という確認のとき、自分の意見が入り込んでいないか、よくよく気をつけること。無意識の誤導が、せっかくの傾聴を台無しにしてしまいます。

「話したい誘惑」を抑える

相手の話をちゃんと聴くうえでの**最大の障害は実は、自分自身の「しゃべりたさ」**です。「相手の話が長すぎたらちゃんと切ろう」という話を先にしましたが、やはりそれより問題は「相手の話をさえぎりすぎ」な自分でしょう。

つい口をはさみたくなる気持ちは、よ～くわかります。

「あ、そこ違う」「それも誤解だなぁ」「私見が混ざってる」「おいおい、そんな結論じゃないだろう」

でもせめて**1回は、全部言いたいことを、言わせてあげましょう。**

それが相手の伝える練習になるからです。そして自分が、自身で思うほどには優秀ではないからです。

どんな相手の話にも、よく聴くと新しい発見があります。

なのに自分の知っていることや意見を、しゃべりたい、しゃべりたいと身構えていては、そんな発見もままなりません。

相手が話すことは、まずは材料だと思えばいいのです。

全部が整合していなくても構いません。8割すでに知っている話でも仕方ありません。でも、どこかに新しい、面白い話がきっと眠っています。本人すら気づかなくて、重要思考的には強調されていなくて、わかりづらいかもしれないけれど。

そんな面白い話など相手がするわけない、という己惚《うぬぼ》れが「しゃべりたい」病につながるのです。そんなに自分って優秀でしょうか。多分、違います。**相手の話に潜む、ダイジなことや面白い差を「発掘」するのが、聴くことだと割り切りましょう。**

自分が割って入ることで、その発言をよくしてあげよう、考え方を正してあげようなどと欲張らないでください。全部がアクティブ・リスニングでなくてもいいのです。

ダイジなところだけ、びしっと口をはさみましょう。

「ん？　そこは○○なんだ。不思議だねえ」「重みをもうちょっと考えてみようよ」

聴くことは自分の考えを示すことではありません。**相手が考える手助け**です。それをお忘れなきよう。

カフェ問答 その3

相手の言いたいことは傾聴でわかる

質問しまくると相手は言いたいことを言えなくなる

でもただ聞いていると相手が暴走したりする

なのでダイジなことだけつついてみる

Step 3の
一問一答式チェックリスト

1 『バカの壁』は2つ。思い込みの壁と、〇〇力の壁

2 相手がしゃべる話が理解しづらいのは、塊や〇〇〇〇が明確でなく、差と〇〇が曖昧だから

3 『重要思考』で聴くとは、〇〇に『重要思考』をしてもらい、伝えてもらうこと

4 ちゃんと聴くための傾聴スキル。英語では?

5 相手の話が長すぎたら、ちゃんと〇〇!

6 上司相手の傾聴は難しいが、原因はあなた自身の〇〇だったりする

7 法律業務上の誘導尋問とは、どういう質問のこと?

8 傾聴での「明確化」や「確認」は〇〇尋問になりがちなので、注意

9 相手が話すことはまずは〇〇だと思って、とにかく聴く。しゃべりすぎない!

答え

1 理解　2 つながり、重み　3 相手　4 Active Listening　5 切る　6 感情　7 答える範囲を狭める質問　8 誤導　9 材料

Step 4

相手とちゃんと会話・議論する

17 すれ違いの空中戦にならないために

東京大学大学院でのすれ違いQ&A

ある日の午後、東京大学を訪れました。大学院生への1回限りの3時間講義です。聴く側もみな真剣で、ところどころ鋭い質問すら飛んできます。

締め括《くく》りにミニケーススタディとして「大学生へのパソコン販売　倍増プラン」なるものを、数人ずつのチームに分かれて、考えてもらいました。

数十分の討議の後、1チーム5分のチーム別発表会です。この講座では恒例となっているらしく、**学生自身が仕切って、発表、質疑応答**と進んでいきます。

教授や講師は口を出さない「自主性を重んじた」運営、です。

最初のチームの発表はなかなかの内容。たった数十分の準備時間だったのにプレゼンテーション資料まで用意しています。大したもんだ。

そしてその後、こんな質疑応答が始まりました。

「誰か質問ありませんか」「はいっ」「どうぞ」
「このプランではサービスコストの増大というリスクは考慮されたのですか？」
「いえ。でもマーケティングコストの増加リスクという議論はしました」
（しばしの沈黙）
「他に質問はありませんか」「はいっ」「どうぞ」……

2チーム目でもう、堪忍袋《かんにんぶくろ》の緒《お》が切れました。こんなの傾聴なんてしてられません。司会に発言許可を求めます。「いいですか？」「どうぞ」

いいかい、みんな。こんなすれ違いの質疑応答、なんの価値もない。

質問するほうもちゃんとした質問になっていないし、答えるほうもちゃんと答えていない。質問自体が体《てい》をなしていないのに、それになんで、ただ答えようとするのか。なんとかリスクを考慮したか、なんて、意味ある質問じゃ、ないよね。発表者は「考

すれ違いの質疑応答

質問が曖昧で意図がわからない

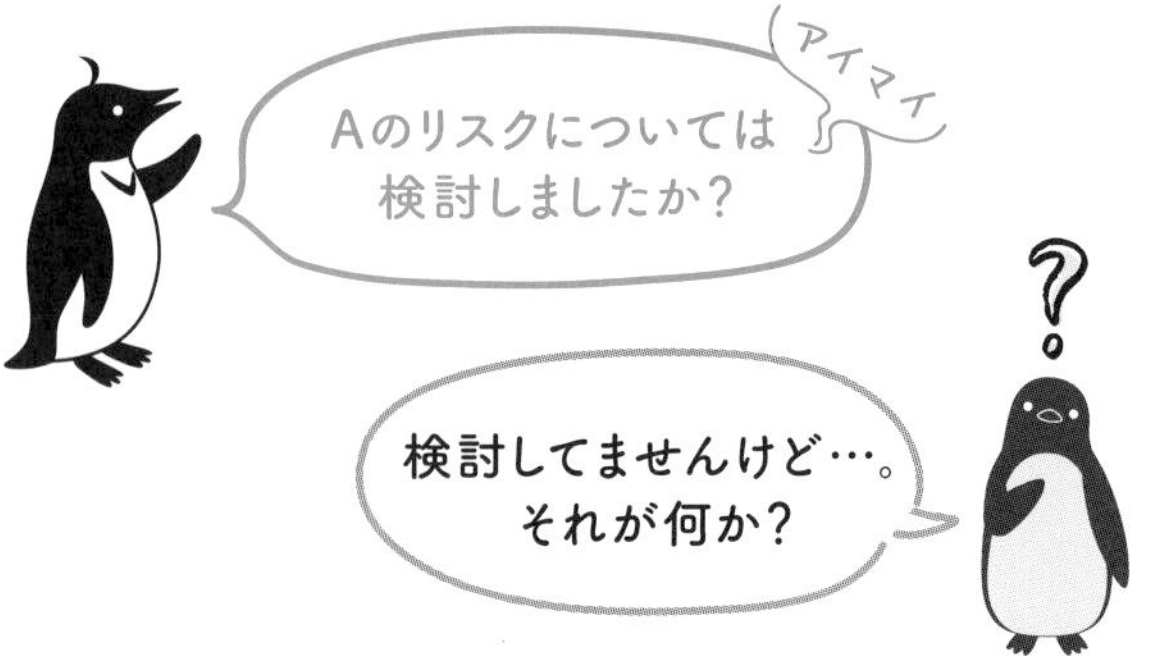
Aのリスクについては
検討しましたか？
アイマイ
検討してませんけど…。
それが何か？

尋ねられていることに、答えない

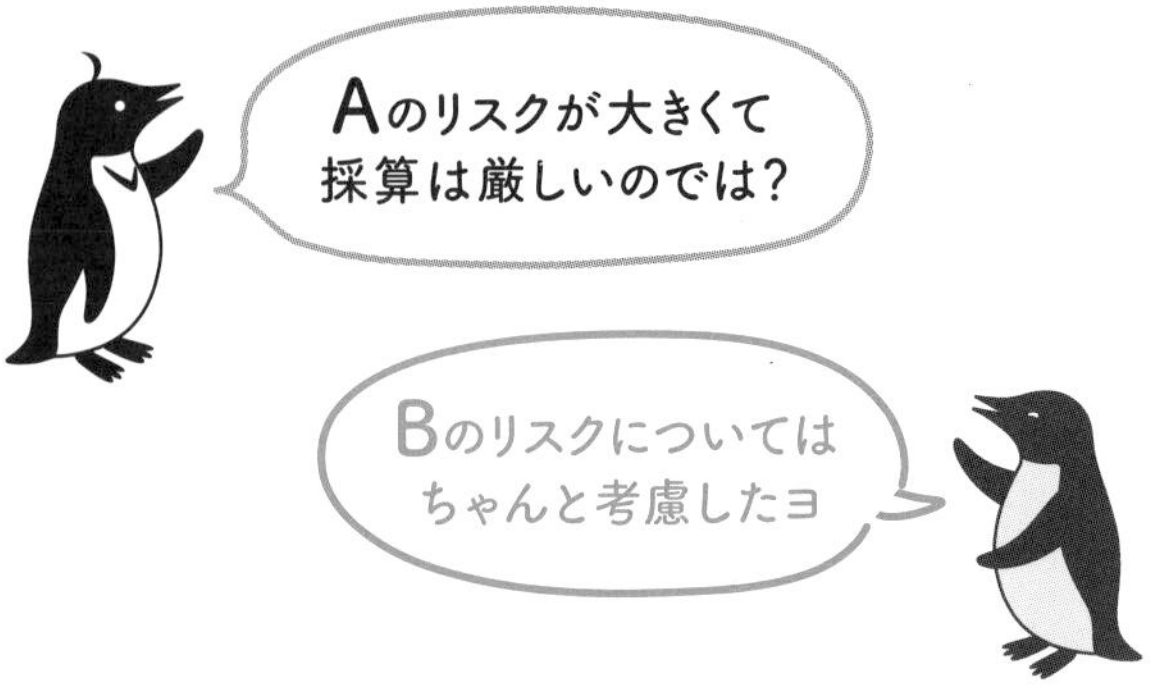
Aのリスクが大きくて
採算は厳しいのでは？
Bのリスクについては
ちゃんと考慮したヨ

慮していませんが、どういったリスクがあるとお思いですか」って聞き返さなきゃ。

質問者も意図があるならそれをなぜハッキリ言わないの？　聞いた意図と違う答えが返ってきたなら、ちゃんと突っ込み返そうよ。

「マーケティングコストの増加リスクは……」って言われてそれでいいの？　「サービスコスト増大リスク」の答えにまったくなってないじゃない。

その前に「サービスコスト増大リスクを考慮したか」って、質問者は何のために尋ねたの？　それを考慮したら結論が違うじゃないのって言いたいんでしょ。だったらそう言おう。**逃げちゃ、ダメだよ。**

議論はなんのためにするの？

「質疑応答」はただの点数（クラスでの発言点とか）稼ぎでもないし、勝ち負けを決めるためのディベートでもないよ。

よりよい結論を導くための、「発展的議論」にこそ価値があるんだ。

いい問いは答えを含む

私は大学院生たちにつづけました。

正しく問い、正しく答えよ。

とくに問いはダイジ。キチンと問うことさえできれば、答えは必ず明らかになる。「重み」と「差」をきちんと問おう。

「サービスコスト増大のリスク」が大きくて、経営上大問題（ダイジ）だと思うなら、曖昧に「考慮しましたか」なんて誤魔化《ごまか》さず、ちゃんとそう問おう。

さあ、質疑応答のやり直しだ！

質問者はもう一回、質問をし直すように。意図や意見を明確にし、そしてそれを核にして明瞭な質問をすること。

それに対して、**回答者は逃げずに、正面から答えるように。**Aを考慮したかと問われて、Bは考慮しました、などと決して言わないように。

司会役は、そう進むように促すのが仕事だよ。

よし、やり直そうか。

「私たちのチームでは、サービスコスト増大によって収益性が非常に悪くなるという結論になりました。このプランではサービスコストの増大リスクは考慮されていないように見えますが、それを克服する方策はありますか？」

と、東京大学の大学院生たちが、すぐにいい質問ができたかどうかは別にして、その後はだいぶ、ましな議論になりました。

的確な質疑応答は簡単ではありません。でも、実はそんなに難しいことでもないのです。だって**互いにダイジなことを確認して、そこで意見をぶつけ合うだけ**なのですから。

みなさん、心の準備はいいですか？　では、正しく問い、答える訓練をつづけましょう。

18 『重要思考』で会話・議論する

発言・議論の「枠」をつくる～5つのルール

ここまでステップを1から3まで重ねてきました。このステップ4はその集大成です。ステップ1では『重要思考』での「考え方」を、2では「伝え方」を、そして3では「聴き方」を学び、練習してきました。

この最終ステップ4で残っているのは、それらを結びつけることだけです。それで、とても効率的な「会話や議論」が実現します。

日本の会議や打ち合わせは、恐ろしく非効率です。

ある会社での本社ホワイトカラー1000人の時間調査では、労働時間中、25%が会議時間、20%がそのための資料作成時間と出ました。毎日261分、会議とその資料づくりに費やしていたのです。しかも彼・彼女らはその4割（労働時間の18％、1日104分）を「ムダ」と感じていました。今見えている会議のムダをなくすだけで、毎日の残業時間（平均100分）をゼロにできる計算です。

これは時間のムダというだけでなく、ダイジなことに本来の議論時間を割けないという危険をも生んでいました。

こういった**会議のムダ、暴走を防ぐための議論ルールが次の5つ**です。

①プレゼンターは簡潔な文章でまとめ、みなは終わりまで聴く
②質問する前にみなで3分考える
③勝手に話さない、ダイジなことからズラさない
④賛否を示し、「コメント」とかに逃げない
⑤決め方を決めておき、雰囲気で決めない

こういった「枠」をはめることで、逆にヒトの行動はとても効率的に[29]なります。型《かた》、といってもよいかもしれません。

29 もちろん、自由な発想とかにはマイナスの部分もある。

かみ合う会議の5ルール

1. プレゼンターは簡潔な文章でまとめ、みなは終わりまで聴く
2. 質問する前にみなで3分考える
3. 勝手に話さない、ダイジなことからズラさない
4. 賛否を示し、「コメント」とかに逃げない
5. 決め方を決めておき、雰囲気で決めない

いつでも何でも自由にしゃべれると思っているから、ちゃんと考えないのです。ただ脊髄《せきずい》反射的に感想やコメントをして、挙句の果てには自分の昔話を長々と開陳《かいちん》する役職者や年配者が出てくるのです。

でも、勝手に話を変えない、というルールを1つ徹底するだけで、ガラリと変わります。もしくは、3分考えてから発言する、とするだけで、勢いだけの発言がなくなります。**ルールのチカラ**、です。

まずは、自分のチーム内でやってみてください。リアルでもオンラインでも同じこと。そしてそれをジワジワと社内に拡大して……最後は経営会議で！

では、まずはルール①から説明します。

ルール❶ プレゼンターは簡潔な文章でまとめ、みなは終わりまで聴く

まともな議論や質疑応答を成立させる大前提は、そもそもの主張（プレゼンテーション内容など）が、簡潔で論理的であることです。

そしてそれが参加者全員に理解され、論理的な議論のベースができることです。議論

相手が混乱したままでは、ちゃんとした議論になりようがありません。

しかしここで、プレゼンテーションそのものが、その邪魔になったりします。

パワーポイントなどのプレゼンテーションソフトは、本来、論理（仮説や証拠、答え）を1個1個しっかり積み上げるための道具です。だから、ブロック（スライド1枚1枚）を積み上げるような形になっています。

なのでブロック（＝塊）間の「つながり」が、よくわかりません。全体の論理的な流れが、すぐわからなくなってしまうのです。

だから**プレゼンテーションの最後に、必ず文章で、言葉で、簡潔にまとめること**が必要です。

「前提はこうで、こういう問題意識の下にこういう分析をしました」「その結果がこうだったので、こういう製品を開発・生産すべき、となります」

「そのための投資は約10億円で、出荷までには6ヵ月かかります」

「ユーザーが一番求めていることは納期です。来年春までにこの製品を投入しないとユーザーは導入しません」

「だから、今月内に意思決定しないと間に合わない、ということです」

みなの頭の中で、切れていたかもしれない主張のメカニズムを、もう一度つなぐために、簡潔な文章でまとめます。仮説や証拠、結論、それらのつながりを、しっかり言葉にするのです。ステップ1と2の技を駆使しましょう。

「重み」と「差」による主張をみなに明示し、心にしみ込ませること。

それでようやく、議論の前提が整います。

ルール❷ 質問する前にみなで3分考える

でも、いきなり議論（質疑応答）に移ってはいけません。

それだと、考える時間がありません。**考えないで質問となるとヒトはみな、感情的なものや、脊髄《せきずい》反射的なもの、いつもの持論の反復、に走ります。**

だから、みながこちらの主張を咀嚼《そしゃく》し考え、質問を吟味《ぎんみ》する時間をとることです。でも、「みなさん、言いたいこと、聞きたいことがすでにいっぱいあるかもしれません。まずはそれらをじっくり考え直してください」

「これから3分差し上げますから、一番ダイジな質問や意見を1つだけ選んでください」「はい、スタート」（手にしたストップウォッチをカチッ）

これは、3分でも5分でも構いません。

でも**まず、参加者が、1人で考える時間や状況をつくってあげましょう。**それによって強制的に、自分自身の意見を持ってもらうのです。

これだけでも、議論への参加姿勢が大きく変わります。

ふつうの会議のダメなところは、もの言わぬ大多数の参加者の「雰囲気」で方向性が決まってしまうことです。そしてその、もの言わぬ受け身の参加者たちは、自身で考えることなく、少数の積極的発言者のスタンスや強さで、自分の姿勢を決めてしまいます。

プレゼンテーションの内容の是非なんて、考えません。

だからまず、受け身なヒトたちにも自分の意見を持ってもらうための時間を、とるのです。

同時に、脊髄反射系の積極的発言者にも、釘をさすことができます。

一番ダイジなことから、話してくださいね。1人1回1つのことだけしか発言できませんよ。つまらない揚げ足取りとかしているヒマありませんよ、と。

ルール③ 勝手に話さない、ダイジなことからズラさない

ある主張をつぶそうと思ったら簡単です。

示された主張の弱そうなところだけを爆撃して、その反論も受け付けないまま、次をどんどん爆撃していくことです。それを数回繰り返せば、他の会議参加者の中には主張への「ネガティブな印象」だけが残ります。

逆に、かみ合う議論というものの最大のポイントは「お互い逃げない」ことです。主張のダイジなところから逃げない、質問から逃げない、回答から逃げない、こと。

それをみなが守ることが、意味のある質疑応答の前提となります。

そのためには、①発言したければ、手を挙げる、②指名されてから発言する、こと。そして、③**勝手に議論のテーマ（ダイジなこと）を変えない**、④変えるならそれを事前に言い、承認を受ける、ことです。

書くと、当たり前のことですよね。でも**これこそが「重要思考」で議論することの根**

幹なのです。

主張の中のある分析が議論の俎上《そじょう》に載せられたとします。

「このα《アルファ》分析の結論はああだったが、こうもとれるのではないか。だとすると、結論は逆になるのではないか」

結論に関わるのかもしれないのだから、よい指摘です。でもそこに、次の発言者が、我が意を得たりと別の話をしたりします。

「その通りだ。こっちのβ《ベータ》分析もそうだ。この分析だって、とりようによっては……」

これを、許さないこと。

まずは、α分析の話がダイジかどうか（結論を左右するのかどうか）確認し、**ダイジならそれについて議論し、ちゃんと結論を出し**ましょう。

それが終わるまでは決して、β分析の話に移ってはいけません。ましてや、最初の質問に対しての回答がないうちに、さらなる質問（や賛否）を受け付けるのもNGです。あっという間に、しっちゃかめっちゃかになってしまいます。

これらをちゃんとやるには、強い**議長役やファシリテーターが必要**かもしれません。でも、ちょっとだけみなに嫌われるので覚悟が必要です。

「○○さん、ストップ。勝手にしゃべらないでくださいね～」

「△△さん、それ違う話ですよね。まず今の話の決着をつけましょう。その話はその後でやりますから」

日産自動車は1999年ルノー傘下となり、復活のために多くのチーム（多部門からなるクロス・ファンクショナル・チームなど）を立ち上げました。同時に、1000人もの会議ファシリテーター[30]を養成し、これを支えました（『重要思考』によるファシリテーション」については、「応用編」208頁を参照のこと）。

おそらく、日本で初めての制度でした。

ルール4 賛否を示し、「コメント」とかに逃げない

会議の中では「論点に対して付加価値のない発言」が結構な割合を占めます。

年配者や上役《うわやく》、お役人から頻発されるのですが、「コメントだけだけど」とズバリ言

30 のちには全世界3000人を養成。

う人もいれば、「関係すると思うから、あの商品での失敗の話をするけど」と価値ありそうなフリをして、（延々と）昔話をする人もいます。

たいていの場合、その話はみんな知っています。もしかしたら耳にタコかもしれません。かつそのこと（みんな知っている）を発言者自身も知っています。だけど、否定的（もしくは肯定的）雰囲気を出すためだけに、そういったお話を持ち出してくるわけです。

主張への賛否を明確にすれば責任が発生します。賛成したものが失敗したときの責任や、反対したのに成功したときの責任が。でも**「コメント」や「昔話」なら責任は問われない、とそのヒトたちは思う**のです。これを、許さないこと。

「それは賛成ということでしょうか、反対ということでしょうか」と詰めましょう。

もしくは会議の最初に宣言しましょう。

「発言において『コメント』的発言は、不要です」

「発言の際には、提案への賛否を明確にしてから、発言してください」

ルール⑤ 決め方を決めておき、雰囲気で決めない

効率よく決める会議のための最終手段は、意思決定者を1人にすること、です。それがムリでも、どう決めるのかを決めておきましょう。

そもそも社内でおこなわれる**ほとんどの会議や打ち合わせでは、決め方が決まっていません。**反対者が1人もいなければOK、なのは当然ですが、1人いたらどうしましょう。2人だったら？ 3分の1が反対したら？

決め方が決まっていないので、議長役は（よく言えば）臨機応変の対応をとることになります。たとえば……有力者が1名でも反対なら、議論を差し戻し、うるさ型が反対なら時間をとって議論させ、収束しなければ先送り。数名が反対でも影響力がなさそうなヒトたちなら、無視して次に進む。そんな感じです。

いやいや、無視されたり先送りされたりしたヒトたちも黙ってはいません。しばらくして反撃です。だって明確に否決されたわけではないので、いくらでも再戦可能です。やっぱりこれはマズイと思うんですけど、と結論間近になって前提をひっくり返そうと

したりします。そして話はまたふりだしに……。

つまり、議論がちゃんと進まない、議長の裁量や声の大きいヒトのガンバリ次第で、どうとでもなってしまう、ということです。

なのでまずは、決め方を決めること。**意見が割れたときどう決めるかを、事前に定めましょう。**あくまで全員一致にこだわるのか、多数決で決めるのか、それとも責任者に決定を委《ゆだ》ねるのか。それさえ決まっていれば、なんとかなります。

現実には多くの場合、上役《うわやく》が「雰囲気」で決めています。その雰囲気は声の大きいヒトによって定まったりするので、結局、ごく少数の強い意見を持つヒトに結論が引っ張られるのです。

でもそんな、雰囲気で決まったような多数派の意見や結論（戦略）が、正しいという保証はどこにもありません。逆に、多くの大成功事業・商品事例は、リーダーによる独善的意思決定こそが成功のもとだと示しています。

セブン-イレブン然《しか》り、PS《プレイステーション》然り、iPhone《アイフォン》然り。大きな成功のほとんどは、強力なリーダーによる独断によって推し進められてきました。

伝説のリーダーたちは、「雰囲気」（空気ともいう）を読むことなく、独自の決断をすることで、大成功を手に入れたのです。意思決定者は、1人にしましょう。

ただ、単純に「リーダー一任」とすると、今度は会議を開いても「みなが意思決定者の顔色をうかがって発言をする」とか、「どうせ決まってるんでしょと全員がコメンテーター化する」ことに陥《おちい》る危険があります。

それを少しでも避けるために、**「多数決付き1人で意思決定」というやり方もある**でしょう。

まずは意思決定者抜きで議論した後、意思決定者を除く全員で決をとります。GO《ゴー》かNO《ノー》 GO《ゴー》かの二者択一、棄権なし、で参加者個々人の意見を明確にしてもらうのです。その後、意思決定者が、最終的に決めるのです。それを受け入れるか否かを。

このとき**必要になるのは、意思決定者のガマン**、です。

途中で口を出せば、参加者はすぐに察知します。

「ああ、リーダーはこっちの方向に持っていきたいんだな」

だから、傾聴のガマンが必要です。しょうもない（と感じる）意見にも耳を傾け、かつとりあえずは黙って反論しないガマンが。

『重要思考』での議論力アップのために

これら5つの議論ルールを守るために、議長役かファシリテーターが必要だと書きました。でもそれは、本当はウソ（というよりムリ）です。

もちろんそんなヒトがいたら、それに越したことはありません。日産自動車では、プロジェクトや議論の効率化のために、ファシリテーター養成だけでなく、専任の支援者組織を立ち上げました。プロジェクトや議論の進め方を、社内のプロが手伝ってくれるのです。

でもふつうはそんなヒトも組織も望めません。

だから、強いファシリテーター頼み（ないものねだり）ではなく、**参加者個々人が自然とできるようになっていかなくてはならない**のです。

まずは、自分のチーム内で始めましょう。『重要思考』による議論を。

決めるための会議、意思決定のためのミーティングであれば、この5つのルールをすぐに使ってみましょう。週替りでファシリテーター役を決めて、みんなが経験しましょう。

そして、こういうやり方にチームのみなが慣れることです。

『重要思考』**議論に慣れてくると、勝手に発言し勝手にテーマを変えていくのが気持ち悪くなります。**隙間が空いたら間髪入れずに発言することが、議論のジャマだとわかります。細かいことにだけ突っ込むことが、虚しくなってきます。

そう、これらは「慣れ」の問題なのです。難しくはありません。繰り返すことですぐ慣れます。

逃げずに、頑張りましょう。

19 ちゃんと会話・議論し伝えるコツ

百万聞は一行にしかず～相手が自ら発言するように

百聞《ひゃくぶん》は一見《いっけん》にしかず（百聞不如一見）、はよく耳にする言葉です。前漢（紀元前206～8年）の名将趙充国《ちょうじゅうこく》の言葉です。

後世につくられたつづきがあります。

● **百聞不如一見　百見不如一考　百考不如一行**[31]

この3句は、聞く、見る、考える、行う、を比較して、

「ものごとの真の理解のためには、100回聞くより1回直接見ることだ。でも100回見たって、ちゃんと自分で考えないと真の理解には達しない。そしてさらに、100

31 この英訳が引用句の「I HEAR AND I FORGET. I SEE AND I REMEMBER. I DO AND I UNDERSTAND」。なぜか孔子の言葉とされている。

回考えるより**1回自分自身でやってみることのほうが、真の理解のためにははるかに近道である**」

ということを語っています。この3句をかけ算すると……100万回聞いたって1回の試行錯誤に及ばない、ということでしょうか。

かみ合う議論をする力を身につけることに、これらを適用してみます。

- 百聞は一見にしかず　↓　①言葉だけでなく現物を示す・現場に行くことで伝える
- 百見は一考にしかず　↓　②相手に即答させず自分で考える時間をとってあげる
- **百考は一行にしかず　↓　③相手に自分で発言させ議論に参加させる**

①はプレゼンテーションの工夫なので、やろうと思えばできる気がします。②も質疑応答のルールの1つでした。

問題は③です。相手に発言させる。いや、自ら発言するように促す。強制でなく自発的に……。大人相手だと、これが一番のネックになりそうです。

小グループから積み上げる

個人的にもいろいろトライしてみましたが、発言を活性化する一番の方策は「小グループから積み上げる」のようです。

参加者が大人だと、ただ発言を促しても、すぐ「譲り合い」精神の攻防となります。「絶対、目立ちたくない」から「言いたいことはあるけどちょっと恥ずかしい」まで程度はさまざまですが、要は「出る杭《くい》」になりたくないのです。

なので小グループ[32]に分けます。**各小グループで議論をしてもらってそれを代表者に発表してもらうことを、議論のステップごとに繰り返す**のです。

議論のテーマは「わからないことを見つけよう！」からでも構いません。

- 1分間、自分1人で考えて、メモする
- 小グループで、今回の発表者を決める
- 5分間、グループ内で話し合う
- 発表者が代表で発表する

32 5名以下であること。6名を超えるとグループ内議論に時間がかかりすぎる。

自発的発言のための「小グループで発表」方式

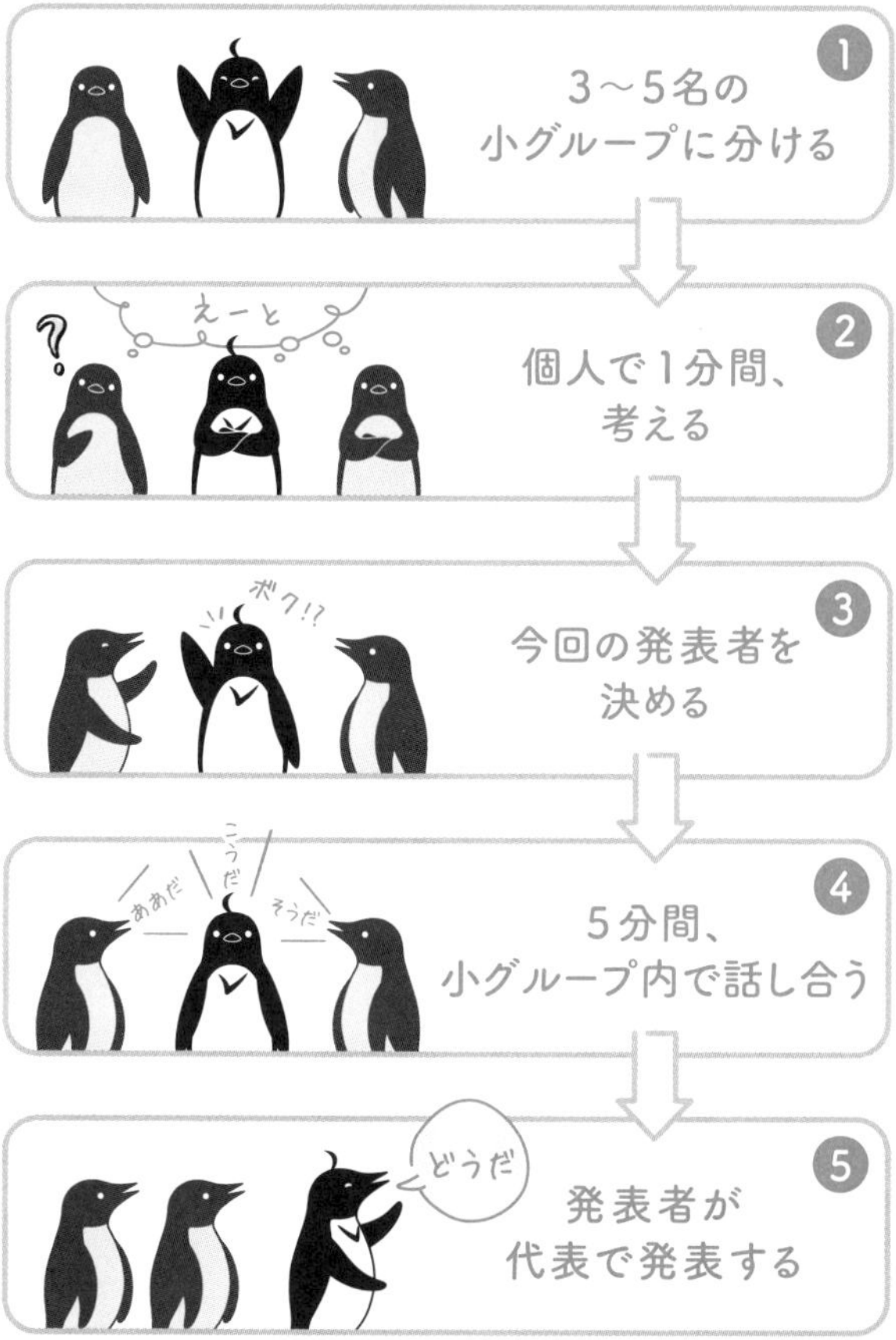

と、進めます。これだけで（「全体で挙手」方式に比べれば）驚くほど意見が出ます。

日本人は、大勢の前で目立つのはイヤでも、仲間内でのおしゃべりは大好きです。同時に、組織として決まったことには従う性質も持っています。

「今人前でしゃべっているのは、個人としての私ではない。グループの代表としての私なのだ。ジャンケンで負けたのだから仕方がないし、グループの意見はちゃんと伝えないとみんなに申し訳ない」

そんな気持ちでしょうか。そしてさらに、その代表者が質疑応答で詰まると、すかさずグループ内から助けが出ます。自分のために発言するのは恥ずかしいけれど、仲間の窮地は放っておけない……。

他人のためにこそ頑張れるのが、日本人なのかもしれません。

それならそれを、活用させてもらいましょう。**強制的な連帯責任ではなく、まさに自発的連帯のためのつながり（ここでは小グループ）をつくる**のです。

「小さな自発的連帯」が、活発な議論に、そして大きな意思決定につながります。

ダイジなことにみなが集中するためのホワイトボード

プレゼンテーションのときに**みなを集中させるための小道具**が、スクリーンに映したスライドだとすれば、小グループ議論のときのそれが**ホワイトボード**です。

グループが3人であろうと5人であろうと、言葉だけでちゃんと議論をつづけることは非常に難しいことです。すぐに話が、あっちへこっちへと逸れていきます。

ビジネススクールには必ず、大量の可動式ホワイトボードかフリップチャート（大きな紙束と画板セット）があります。同時に少人数議論のためのブースがいっぱいならんでいたりしますが、フリップチャートだけ運んで、中庭で議論をしていたりもします。

つまりブースは必須ではないけれど、フリップチャート（やホワイトボード）が少人数議論には必須なのです。

フリップチャートのいいところは記録性と一覧性。どんどん書いて、切り取って壁に貼り付けることで、それまでの議論がすべて見渡せます。

一方**ホワイトボードだと、消して書き直しができるので、試行錯誤に向いています。**

議論に必須のホワイトボード

今日の目的！：
アタックZERO成功メカニズムの解明
誰にとって、なにがダイジか？
アタックZEROは
豪華な広告で成功した！
差はどれくらい？

もしくは議論のフレームワークが決まっているなら画面が限られることも、あまり気にならないでしょう。

会社によっては「壁じゅうホワイトボード」というところもあるでしょう。

ホワイトボードにまず書くことは、その議論の「目的」です。それが一番ダイジなことだから。いったい何のために、議論をするのでしょう。そこから逸れたら、その議論はまったく無価値なものになってしまいます。

そして、「それはダイジか？」なんていう言葉も書いておくといいかもしれません。準備ができたら、まずはどんどんみなの主張や意見を書き出していきます。それから、みなに問いかけましょう。

「どれがダイジかなあ？」「その理由はなんだろう？」

究極技〜ダイジなことを相手に決めてもらう

大切なことがかみ合う会話・議論のための「伝える技術」もいよいよ終盤戦です。この後は、ここまでの基礎4ステップを日常・仕事で活かすための応用編です。

ただその前に、『重要思考』で議論するための究極技を紹介しましょう。

相手が議論に真剣に取り組むモチベーションってなんでしょう。それは、逆のディモチベーション要因を考えればわかります。

相手のやる気は、そのテーマが自分に関係あるかどうか、議論することで結論が変わるかどうか、で決まるのです。なら、相手に結論を委《ゆだ》ね責任を持ってもらいましょう。

私の大学院でのゼミ生の1人に、経験もアイデアも豊富な部長さんがいました。彼がある日、ゼミの最中に語り始めました。

「ボクっていつも、いっぱい言い過ぎちゃうんですよねえ。話してる途中で、また言いたいことが出てきちゃって……。自分でも最後は、あれっ何が言いたかったんだったたっけ、みたいな」「だから部下も、結構聞き流しちゃう……」

「でも最近、技を1つ開発したんです。さんざんしゃべった後、相手に聞くんです。『**今オレが話した中で、一番ダイジなのは何だと思う?**』って」

「そしたら、ぼーっと聞いちゃいられないから、ちゃんと話を聴くし、自分で考えるし、しかも自分がダイジだって言ったことは実行するし。もう、全然違いますよ～」

彼の話はつづきます。

「これを、家で5歳の息子にもやってみたんです。まあ、お説教なんですけど、わーっとしゃべって、最後に聞くんです。『今お父さんが話した中で、一番ダイジなことは何だと思う？』って」

「子どもってそう聞かれるとマジメに考えて、自分の意見を言うんですよ。『これだと思う』って」

「あとは『そうだ、よくわかったな』って言ってあげるだけ。しかも、自分で決めたことだから、ちゃんとやりますよ。それまでやる気なかったことまで、やるし」

これが**「ダイジなことを相手に決めてもらう」方式**です。出色の技だと思います。ただし、相手の意見を尊重する度量が必要、ですよね。

そのうえでぜひ、お試しを。

カフェ問答 その4

言葉が揃うと議論が楽しくなる

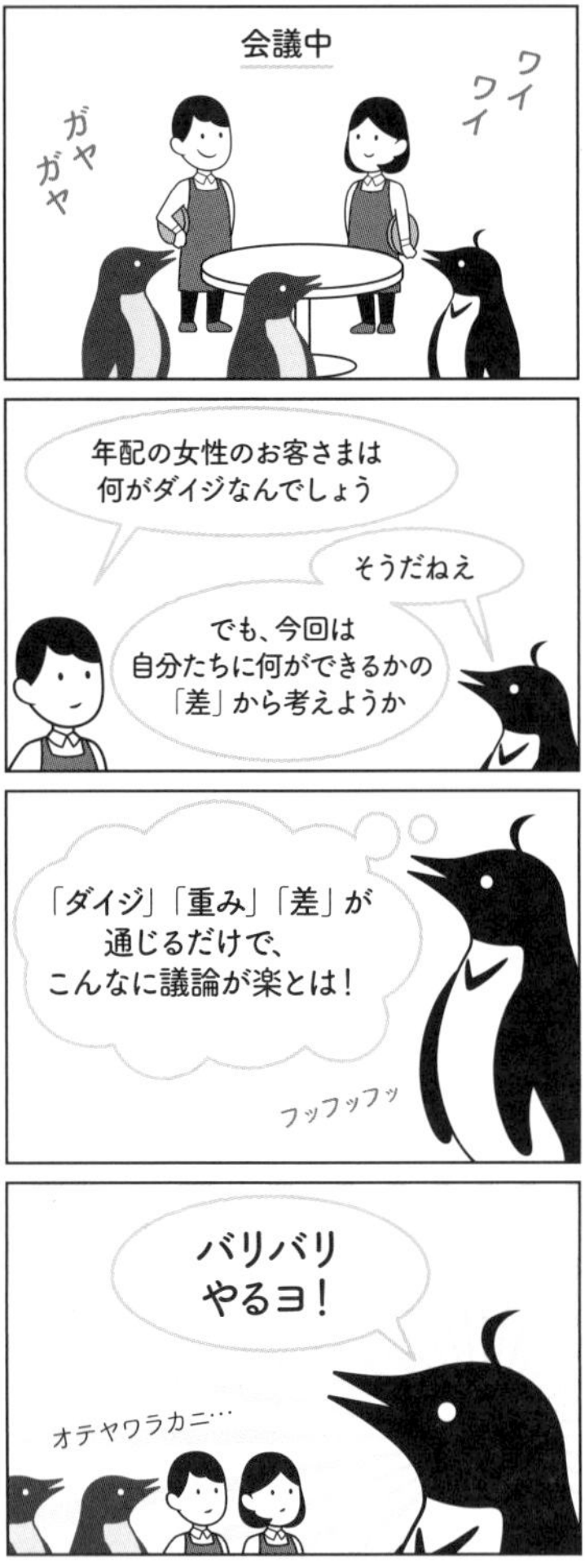
会議中
ワイワイ
ガヤガヤ
年配の女性のお客さまは何がダイジなんでしょう
そうだねえ
でも、今回は自分たちに何ができるかの「差」から考えようか
「ダイジ」「重み」「差」が通じるだけで、こんなに議論が楽とは！
フッフッフッ
バリバリやるヨ！
オテヤワラカニ…

いろんな発見が集まる

発見です！
こんなお客さまがいました
ホー
私も発見しましたよ
親子連れがダイジにしているのは…
ヘェ
オーナー…大発見です
何何何？
昨日、UFO見ました！
ソレハチョット
チガウノデハ……
ヤッパリ

揃うと、いっても
こうじゃなくて…
こうでもない…
ぐるぐる
ぐるぐる
CAFE
こんな感じ
バシバシ
CAFE
ダイジなのは
コレですね！
ア、ソレ、テイネイニネ

方向が揃って議論が効率的になる

みなに伝わった。千客万来《せんきゃくばんらい》！

Step 4の
一問一答式チェックリスト

1 すれ違いの議論を○○戦、と言う

2 会議のムダや暴走・迷走を防ぐ、○つのルール

3 ルール3：○○に話さない、○○○なことからズラさない

4 ダイジなことについては必ず○○を出してから、次に進む

5 議論に入る前にまず、○○方を決める

6 百聞は一見にしかず。では百万聞は何にしかず？

7 発言を促すためには何から積み上げるのが有効？

8 相手のやる気を引き出す究極技は、議論で相手にどうさせること？

答え

1 空中　2 5　3 勝手、ダイジ　4 結論　5 決め　6 一行（やってみること）　7 小グループ　8 決めさせる

応用編

『重要思考』でマーケティングから緊急対応まで

Step1～4を日常で繰り返せば、『重要思考』の基礎は完璧です。

でも『重要思考』の用途は無限大です。

日々の仕事の中で、顧客視点で動けていますか？　上手にファシリテーションできますか？　子育てで子どもの「面倒くさい」という言葉に負けてませんか？　緊急時に上手に決断・行動できるでしょうか？

どれも、『重要思考』の問題なのです。その使い方を見てみましょう。

20 マーケティング～顧客視点が必須です

マーケティングとは売り込みを不要にすること、だが

マーケティングってなんでしょう。「売れる仕組みをつくることだ」ってよく言います。ドラッカーはもっと過激に言い切りました。

「マーケティングの究極の目標は、売り込み《セリング》を不要にすることだ」

店員や営業担当者の個人的努力ではなく、商品力（含むイメージや価格）と流通の仕組みで、自動的に売れていくようにしたい！　というのがマーケティング担当者の野望なのです。

そのために「マーケティングの4P《ヨンピー》[33]」を一生懸命考えて、改善します。いっぱいアンケートをとったりして「顧客の声」「不満やニーズ」を調べます。競合の新商品だっ

33 PRODUCT（商品）、PRICE（価格）、PLACE（流通）、PROMOTION（販促）

て気になります。でもそのうち、**なんだかグチャグチャになって、ちぐはぐな商品や、中途半端な商品ができちゃったりします。**売り込みをなくすどころでは、ありません。


「うちのレストランAの売上が思わしくない！」

「流行っている近くのレストランBに比べると、メニューは負けてないけれど、雰囲気がいまいちかもしれない」

「Bに行くと若いお客さまが多くて、昼は40分、夜は80分の時間制にしているから回転も速い。1人当たりの単価は低いんだろうけれど売上は大きそうだ」

「Aでも若い人向けのメニューは頑張っているつもりなんだけど、年配客ばかり」

「Aの雰囲気は落ち着いていて、お客さまからはいいっても言われるんだけどね」


こう嘆《なげ》くレストランAのオーナーがいたとしましょう。

A店の売上不振で困っていること（だけ）は、わかりました。

でも、ダイジなことがわかりません。B店の調査から、何を学ぼうというのでしょうか。いや、そもそもBのマネをしたいのでしょうか、したくないのでしょうか。

顧客の創造と統合的活動

40年以上ハーバード・ビジネス・スクールの教授を務めたセオドア・レビットは、マーケティングをこう定義しました。

「マーケティングとは、顧客の創造である」

ここで言う顧客とは、あるニーズを持ち、そしてそれを満たすためにお金を払ってくれるヒトたちのことです。それを新たに生み出していくことこそが、マーケティングだと言うのです。「需要の創出」とも言います。

そういった「顧客の視点」で見ると、前頁のオーナーの混乱の原因がわかります。このオーナーは、「誰」をターゲットにしていきたいのでしょうか。そしてその人たちにどんな「価値」を提供したいと思っているのでしょうか。

『重要思考』で言えば、お客さまとして一番「誰」がダイジで、その人たちにとってダイジなこと（価値）は何かを考え、その価値を「差」のある方法で提供しよう、となります。

ターゲットは若者でしょうか、年配者でしょうか。もし若者だというなら、B店のマネをするしかないかもしれません。でも、今の主要顧客である年配者にターゲットを絞るなら、話は別です。

また、A店は今、ちゃんとターゲットに集中したオペレーションに、なっているのでしょうか。もしかしたら、バラバラでは？

前述のレビットは**『マーケティングの近視眼《マイオピア》』という論文**[34]で、その地位を確立しました。そこで主張したのは、「マーケティング部が顧客志向なだけではダメ。**企業全体が顧客に向かって統合的に動かなければ！**」ということでした。

A店は、年配者が主な顧客で、店の雰囲気はその人たちから評価されています。しかし、メニュー開発は若者向けが中心で、年配者向きにはなっていません。やっていることがバラバラです。これではダメ。

B店に学べるとしたら、「時間制でも安ければいい」という短時間安価志向の顧客層が、年配者にもいるか、という点でしょう。

34『T．レビット　マーケティング論』（セオドア・レビット著）参照。

『重要思考』でマーケティングを考え、伝える

あらためてこのレストランAの問題を、『重要思考』で考えてみます。
やるべきことは次の4ステップです。

誰　「一番ダイジなお客さまを決める」
ニーズ　「その人たちにとってダイジな（欲しいとか困っている）ことを理解する」
提供価値　「お店としてどんな価値を提供するかを定める」
方策　「それを実現するための4Pなどの方策を考え実行する」

レストランAでいえば、

- 一番ダイジなお客さまは、年配者とする（B店と若者を取り合わない）
- 年配者の中でも、長時間志向でなく、短時間志向（①ちょっと知り合いと話す、②気取らない腹ごしらえ）の人たちを狙う

●そのヒトたちにとってダイジなのは、年配者向けの雰囲気とともに、安価な価格設定と、適切なメニュー提供である
●雰囲気は今のままでOK
●①②需要に向けたメニュー開発を頑張る。たぶん、量は必要なく、魚や野菜中心
●低価格化のためには席の回転率を上げる。時間制を導入するとして、何分までが適切かを調べる

おっと**その前に、超基本である「塊とつながりをはっきりさせる」がありました。**

「うちのレストランAの売上が思わしくない！」というオーナーの叫びから、この問題は始まったわけですが、「思わしくない」ってどれくらいなんでしょう。

計画との比較でしょうか、前年実績との差でしょうか、それとも類似の他店との比較なのでしょうか。それも、いったいどの程度なのでしょう。それがはっきりしないと、どれくらいの改善を考えればいいのかの目標が立ちません。

さあいざ、オーナーと『重要思考』で議論です。

21 商品開発
～相手にとって一番ダイジなことを見つけ出せ

MRIは子どもたちにとって恐怖の対象だった

骨だけでなく、筋肉や臓器、血管を映し出せるMRI（核磁気共鳴画像法）装置は、1980年代に実用化され、世界に広まりました。これまで重症化するまで発見しづらかった病変[35]の発見・診断に、画期的な進歩をもたらしました。その世界シェア2位を誇るのがGE（ゼネラル・エレクトリック）です。

機器の性能向上や小型化に各メーカーがしのぎを削っていたある日、GEの技術主任ダグ・ディーツは病院のMRI検査室を訪れます。検査技師にヒアリングをするためでした。しかしそこで**彼が見たのは、子どもたちが必死で泣き叫ぶ光景だった**のです。

幼い子どもたちにとって、今から自分たちが縛り付けられ内部に通されるMRIの巨大で冷たい姿や、それが発する「ガンガン」という強烈な騒音は、恐怖の対象以外の何

35 脳腫瘍や、子宮・卵巣・前立腺といった骨盤内の病変など。

物でもなかったのです。その病院では**たった10分の検査のために、9割もの子どもに鎮静剤**が打たれていました。

ディーツは自分のなすべきことが、機器の性能向上や小型化ばかりではないことを思い知ります。

子どもの専門家たちと、子どもの理解に取り組んだGE

ディーツはこの問題を解決するために、スタンフォード大学のdスクール[36]の門を叩き、その教えを請いました。まずは少人数の異職種チームをつくり、「子どもたちにとってMRI検査とはどんな体験なのか」を多面的に考察します。そのボランティア・チームには、子ども向け博物館の幼児教育専門家や地元の小児科病院の「チャイルド・ライフ・スペシャリスト[37]」も含まれていました。

その上で子どもや親たちにヒアリングを行います。「MRI検査はどうか」といった直接的な問いだけでなく、**「病院では何がイヤなのか」**や**「退院したら何をしたいのか」**を調べていきました。

子どもたちにとって本当にダイジなことを、理解するために。

36 「デザイン思考」を教える教育部門。IDEO創業者たちが中心に立ち上げた。
37 入院している子どもとその保護者の心のケアに従事する米国の医療専門職。

その結果、入院中の子どもたちにとって**一番の望みは「外に出て自由に遊びたい」**「スポーツしたい」といったことでした。もちろんそれ自体に応えることはできません。でも、MRI検査を、それに近づけることはできるかも……。

GEはMRI検査を「冒険の旅」に変えた

ディーツたちは**MRI検査を「海賊船に乗り込んだ子どもたちが、見つからないようにじっと隠れているというアトラクション」**に変えてしまいました。

装置の外観はもとより、装置を設置する検査室全体をカラフルに装飾しました。子どもたちと接する検査技師にも「台本」を渡し、接し方を訓練しました。巨大な装置の中に入る前には「今から海賊船に乗り込むよ。海賊たちに見つからないようにじっとしていて」とそっと声をかけ、大きな音が鳴り始める前には「さぁ、海賊船が大砲を撃ち始めるぞ！」と大声で伝えます。

MRI装置にカラフルなシールを貼るところから始まった試作実験は、「アドベンチャー・シリーズ[38]」という商品に結実し、鎮静剤が必要な子どもたちは1割以下に激減しました。**MRI室は子どもたちにとって「また行きたい場所」に変わった**のです。

38 他に銀河系、惑星、宇宙ステーション、サファリ、キャンプ場を舞台にした商品がある。

GEのMRIアドベンチャー・シリーズ

これは
楽しそうだナー

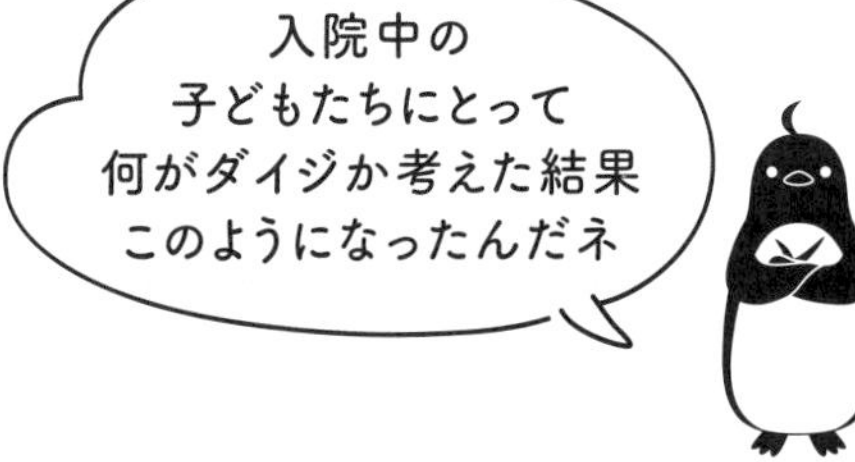
入院中の
子どもたちにとって
何がダイジか考えた結果
このようになったんだネ

22 子育て～ネガティブ潰しでなくポジティブで包もう

家事は大抵「楽しい」ものに変えられる

リクルートは新規事業のアイデアを「不《ふ》」に求めました。世の中の「不足」「不満」「不便」を洗い出し、それをなくすことをビジネスにしようというのです。そこから「便利」な情報誌が何種類も生まれました。いわば「ネガティブを潰《つぶ》す」作戦です。

子どもの将来を考えれば、家でのお手伝いはとても大切です。生活力や段取り力を培ってくれます。でも子どもたちは、進んで家事や家業の手伝い[39]をしようとはしません。基本的には面倒で不快なものだからです。

でもそのネガティブな面を潰すのではなく、**お手伝い自体をポジティブなものに変えてしまう**ほうが、子どもたちのやる気を引き出せるでしょう。

39 お手伝いの重要性や、その具体例については『お手伝い至上主義！』参照。

子どもたちはゲームが大好きです。**スーパーへのお使いも、「オレンジ色の野菜で、学校のうさぎさんも大好きなものを買ってきて！」と頼むだけで、楽しいゲームに変わる**でしょう。もちろんそのとき、子どもが人参ではなく、カボチャを買ってきたとしても、笑って受け容れてあげなくてはいけませんが。

自分で「洗濯もの畳み」を遊びにした長女

わが家の長女はお手伝い手抜き派でした。彼女には「家のお手伝いよりも大切なもの（＝卓球）」があったので、お手伝いのプライオリティは低かったのです。

小学高学年の頃、彼女には「洗濯ものを畳《たた》む」という家事分担がありました。干された洗濯ものはすべて子ども部屋に運ばれます。それを畳んで親のものと子どもたちのものと仕分けをし、親のものだったら親の部屋に持っていく、までがお仕事です。でも**長女がサボるので、あっと言う間に洗濯ものが山となります**。ある日ついに母親のカミナリが落ちました。「ちゃんとやりなさいっ！」

しばらくしたら長女が「もう終わった」とニコニコしながら子ども部屋から出てきました。彼女は「洗濯もの屋さんごっこ」という遊びを発明して、あっという間にそのお手伝いを終わらせたのです。

「洗濯もの屋さんごっこ」は洗濯ものを売り買いする遊びです。長女が山となった洗濯ものを、妹2人に「売る」のです。妹たちは「100円」「50円」と紙に書いた疑似通貨を持たされていて、「50円で買いたいです」「そんな安くは売りません」「じゃあ100円で」というようにやり取りをして、長女から洗濯ものを「買う」わけです。「買った洗濯ものは畳んで持っていく」がルールです。妹たちは、争って洗濯ものを買っては、畳んで各部屋に持っていきました。

長女はつまらない「洗濯もの畳み」を、自ら楽しい「ごっこ遊び」に変えました。自分たちにとって、何より「姉妹3人で遊べること」がダイジだったから。

前節でMRI検査を海賊ごっこに変えたディーツたちも同じです。「MRI検査は怖い」というネガティブを、装置の静音化などで直接的に潰すのではなく、テーマを拡げて子どもたちの生活全般について聞きました。そして「本当にやりたいこと」というポジティブな欲求（重み）を聞き出し、そこから解決策（差）を考えたのです。

困ったら、1段上がってダイジなことを考え直しましょう。

ネガティブ潰しとポジティブ包み

テーマ：洗濯もの畳み

長女にとっての重み		対策案（差）
時間がかかる	←	みんなでやる
面倒くさい	←	簡単にする

⇩

テーマ：洗濯もので遊ぶ

長女にとっての重み		対策案（差）
自分が楽しい	←	タイムトライアル
姉妹3人で楽しめる	←	洗濯もの屋さんごっこ！

＼コレ！／

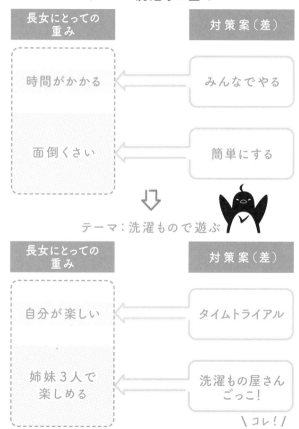

23 ファシリテーション～日本人の新しい強みに

ファシリテーションの3パターン

ステップ4でも出てきた「ファシリテーション（facilitation）」。原義は「容易にする」「準備する」「おこなえるようにする」で、会議や話し合いが円滑かつ有意義に進むためのサポートをすることです。

そういえば知り合いのフランス人がよく、“C'est《セ》 facile《ファシール》!（簡単だよ！）”って叫んでました。そう、『**重要思考**』は何より議論を「簡単に」するのです。

ファシリテーションですから、重みがこれで差はこうだ、という**答えは参加者に任せます。**それでもファシリテーターとしてこれを使うには、目的によって3つのパターンがあります。

- **プロセスを伝える　→　①コーチ役として議論の仕方にのみ口を出す**
- **視点を伝える　→　②突っ込み役として質問だけを投げかける**
- **答えに導く　→　③リード役として考え方のフレームワークを与える**

どれも排他的ではないので、全部いっぺんにやっても構いません。でも技としては別のもの。自分の得意技をつくりましょう。

コーチ役、突っ込み役、リード役

コーチ役としての主なセリフはもちろん「『重要思考』になってない」です。そして、「それってダイジなの?」「重みと差を明らかにしよう」と語りかけます。

議論のプロセスにのみ集中して、内容の善し悪し、結論の是非に口は出しません。結論よりも参加者の議論力向上を目的とした、時間に余裕があるときの、ファシリテーションでしょうか。

議論の内容を知っていなくてもできるので、可用範囲が広いのも、特長です。

突っ込み役としての主なセリフは「つまんない」です。

これは参加者にもっと深い思考を要求するもので、中途半端な『重要思考』を拒絶することでもあります。「ほんとにそれがダイジなの？」「そんなもの『差』として十分とは思えないな」とバンバン突っ込みます。

発想やアイデアが必要な段階でのファシリテーションです。ただし、議論の中身をある程度知っていないと、できません。

リード役は前に立って書いて仕切ります。

議論の答えは言いませんが、答えに導くためのフレームワークをつくったりします。2×2《ツーバイツー》のマトリクスかもしれませんし、プロセス図かもしれません。

その議論に合ったものをみなに示すことで、議論の拡散を積極的に防いで、新しい答えを参加者とともに探っていきます。

その議論で答えが欲しいときに役立ちます。もちろん、議論内容の深い理解とフレームワークをつくる力が必要です。

経営戦略コンサルタントとしての私の、最大の強みはリード役ができることです。

ファシリテーションの3パターン

リード役
前に立つ
フレームワークを
書いて仕切る
答えが欲しいとき
コーチ役
横に立つ
議論の仕方のみ
口を出す
プロセスを
伝えたいとき
突っ込み役
一番後ろに座る
投げかけて
考えさせる
視点を伝えたいとき

フレームワークにしても、オリジナルのものをその場でつくって提供し、議論を拡散させたり収束させたりできるのが、リード役の価値でしょう。

ただ最近は、コーチ役や突っ込み役のほうがより楽しく感じます。自分の意のままにはならないけれど、リターンが大きいからでしょう。

参加者である相手に、より多くを委《ゆだ》ねるやり方だからこそ、より相手が成長し、議論の価値を理解する可能性が高いのです。

「百考不如一行《ひやっこうはいっこうにしかず》」ですから。

段階ごとに議論する、まとめる、応援する

コーチ役、突っ込み役、リード役のいずれの場合でも気をつけるべきことがあります。それは**「いっぺんに議論しない」**ということ。

ステップ2でも書きましたが、ヒトの聴くキャパシティには限界があります。また、興味関心事はバラバラなので、それを自由に羽ばたかせると収拾がつかなくなります。

なので、議論もステップ・バイ・ステップで。

議論のテーマを刻んで、そのたびに小グループによる討議と質疑をおこないます。焦《あせ》らず、じっくり、一歩ずつ。

そして最後に、どうまとめましょうか。

意思決定のための議論であれば、最初に「決め方」は決めたハズです。でしたらそれに従って粛々《しゅくしゅく》と。ファシリテーターとしては、それをみなに確認し、今後のスケジュールや役割分担をはっきりさせれば終わりです。

アイデア出しのための会話や議論であっても、同じです。

自分たちが何を成し遂げたのかを、みなに示しましょう。できたこと、できなかったこと。次への反省と挑戦。

そして、**参加者みなに感謝の言葉を。**

「集まってもらってよかった」「ちゃんと議論してもらってとても有意義だった」「みなもそう感じてくれたら、最高にうれしい」

議論への応援団。それがファシリテーターの姿勢です。

24 多人数の場の支配～講演や発表会で

ダイジなことがバラバラな集団を、どう整えるのか

社内の会議やお客さまへの営業や報告、そういったときのプレゼンテーションは、実はもっとも難易度の低いものです。

相手もこっちも専門家で、同じレベルの知識を持っていて、同じテーマを追いかけているからです。省略語も使い放題だし、そのプレゼンテーションに求めるもの（目的）も同じです。それだけ揃っているなかでやるのですから、条件的には極めて恵まれています。

いわゆる、「講演」や多人数への「発表会」ではこうはいきません。

聴衆の、目的も知識も立場もバラバラ。まったく同じことを聞いても、「抽象的すぎる」というヒトも、「細かく具体的すぎる」というヒトも出てきます。同じ抽象的な話

（コンセプトなど）を聞いて、「頭の整理になった」という事業部長もいれば、「役に立たない」と断じる現場社員もいます。

そういった**バラバラの聴衆相手に話すのが講演の本質です。**かといって、それに合わせて何種類ものことを話したら、全員が「ムダな部分が多かった」と不満に感じます。

一方通行にならざるを得ない講演で、伝えられることは1つだけです。

以前、『CRM 顧客はそこにいる』という本を書いた（共著）後、コンサルタントとしてCRM[40]をテーマに何十回、何百回も講演しました。特定の組織内で講演する場合は、簡単です。聴くヒトたちの目的や知識が揃っているからです。

大変なのはお台場や幕張でおこなわれる「○○展示会」「△△エキスポ」といったイベントでの講演です。大きなものだと千社以上のベンダーがブースを出店し、数日間にわたって数十万人の来場者を集めます。ベンダーさんたちのイベントですから、来場者のターゲットはずばりユーザー企業たち。そこでの講演なのですから、聴衆のタイプも揃っているのかと思うと、まったくそうではありません。

聴衆が500人いたとして、3分の1はベンダー自身です。「コンサルティング会社

40 CUSTOMER RELATIONSHIP MANAGEMENT：顧客関係マネジメント。その本質は本書の「20 マーケティング」で述べたことと同じ。

のやり方を偵察」って感じです。残り3分の2はユーザー企業ですが、その半分は情報システム部門のヒトたちで、半分がユーザー部門のヒトたちです。つまりCRMを使う立場のヒトは全体の3分の1のみで、残りは社内もしくは社外でそれをつくる立場のヒトたち。求めるものも知識レベルも、そして「一番ダイジなこと」が、バラバラの集団なのです。最初はビックリしました。

目的を揃えるのではなく、その違いを明示する

それに気づかず講演を始めて、そのまま終わると、いろんな不満が出てきます。

私がするのはユーザー企業のユーザー部門向けのお話なので、それ以外の（全体の3分の2の）ヒトたちからは「システム構築の話が少ない」「実務的でない」と。

それに引っ張られてITの話をそこそこ混ぜると、ユーザー部門のヒトたちから「技術的すぎる」「もっとWHY《ホワイ》（なぜCRMに取り組むのか）を知りたかった」と。

私は経営戦略コンサルタント。ユーザー部門や経営者に対してサービスする者なのに、これでは本末転倒です。それで**講演を、こんな問いかけから始めることにしました。**

「お集まりいただいたみなさん、こんにちは！」

「今日のテーマはもちろんCRM。CRMを一言で言えば、『顧客をきちんと定めてそれに対して全社で統合的に活動する』ということです」「なのでこの講演も、『顧客を知る』ところから、始めます」

「みなさんを3つに分けたいと思います。必ずどこかに手を挙げてください」「ユーザー企業でユーザー部門や経営陣の方、ユーザー企業でIT部門の方、そしてユーザー企業ではなく情報サービスやコンサルティング系の方、の3つです」

「ではまずは……（ゆっくり3回、挙手を願う）」

「ありがとうございました。今日はとりわけユーザー企業『外』の方々が多いですね。コンサルタントの私からすると競合他社って感じですかね（笑）」

「さて**今日のお話は、3分の1弱だった社内ユーザー部門のみなさん向けのもの**です」

「どうやって、ではなく、なぜCRMなのか、を中心にお話しします」

（ちょっと体の向きを変える）「社内IT系のみなさんにはそれが、ユーザー部門や企業全体が何を実現したがっているのか、を理解するお手伝いになると思います」

（またちょっと体の向きを変える）「そして、競合他社のみなさんには『コンサルティング会社ってこういうふうにCRMを営業してるのか』という特別研修、です（笑）」

こうやってスタートすることで、**大多数の「漠然《ばくぜん》とした期待」で来ていたヒトたちの目的が、定まります。**目的を無理やり1つに揃えたのではなく、みなが別の立場にいること、でも1つのコンテンツから立場なりの学び方ができることを伝えたわけです。

満足度評価で最高の5が8割以上、を実現できたのは、そんな工夫のお陰でした。あ、講演の内容自体もよかったと思いますよ。

集中力がバラバラな集団～場の支配

ある日、上智大学を訪れました。経営学講義のゲスト講師としてです。

担当教員による講義が始まっても、ざわつきはいっこうに収まりません。まるでマイクとスピーカーによる大音量と張り合うかのように、みな私語に精を出しています。ワイワイガヤガヤへェへェソウナンダー。**マジメに聞いている人は3割程。**

もうすぐ私の出番です。でもこれでは授業以前の問題です。これではダメ、この「場」を一体どうしようか。私は階段教室の最後方からじっと「戦場」を見つめます。

担当教員から紹介され、私は最後列から教壇へと歩き出します。一歩一歩、カツカツとブーツの靴音高く。

視線は前に、学生のほうは見ません。学生たちの視線が背中に集まるのがわかります。

そのまま教壇に飛び上がり、くるりと振り向きます。にこりとも、せずに。

そのまま**ゆっくりと学生たちを眺め渡します。口を結んだまま、一言も発せず、無表情に。**数秒後、ただならぬ雰囲気に、急速にざわつきが減っていきます。

それでも話しつづける呑気《のんき》な学生もまだ2割。この講師は何者だろう、なんでだまっているんだろう、なんてしゃべっている者も。では、もう一撃。

人差し指を立てて、口の前にそっともっていきます。

これならわかるよね。みなさん、静かに、しましょう。

これでも数名、後ろを向いたまま私語に励む者が。私は視線だけでその周りの学生に促します。「そいつを、黙らせて」

ここまで30秒足らず。**みなの集中力が揃いました**。

虚心坦懐《きょしんたんかい》、まずは受け入れ、集中する心なくして学びはありません。

さあ講義を始めよう。

言いたいことは繰り返す～見せて考えさせて行動させる

パワーポイント（やキーノート）でのプレゼンテーションはスライドとしゃべりの複合技です。聴衆の目と耳、視覚と聴覚に訴えているわけです。

ではその中で、スライドとしゃべりの「役割分担」はなんでしょう。

史上最強のプレゼンテーションは、キング牧師の『I have a Dream[41]』です。これはスライドなしのしゃべり（演説）だけ。これが究極だとすれば、スライドはしょせん、おまけに過ぎません。

しかしながら、**お笑いだって、ピン[42]芸人よりコンビが多い**、じゃないですか。**スライドという相棒にはもっと大きな役割を期待しましょう**。1人より2人、です。

多くのプレゼンターがスライドに求める役割は、「説明補助」です。

言葉だけで複雑な情報を伝えることは至難の業。2次元マトリクスの内容は、口だけでは説明しきれません。

その点、もともと2次元平面であるスライドだったら簡単です。

41 キング牧師が1963年に行った17分の演説。公民権運動を大きく後押しした。
42 ポルトガル語の数字のPINTAが語源。ピンからキリまで、とも使う。

「そうか、今は右下だけで左上しかダメなんだな」「そのためには単価を上げて客数を絞らないといけないのか」が伝わります。

さらに重宝《ちょうほう》なのは写真やイラストでの実物表示ができること。しかも動きを入れたりして。

百聞は一見にしかず。ヒトは見たものを信じます。動きのあるモノに魅了されます。**百見は一考にしかず。**時間をとって聴衆に考えてもらうときにも情報を映し出しておけるスライドは便利です。

百考は一行にしかず。可能なら、手元でいろいろ試せるモノを配りましょう。自分で試行錯誤してみることで、理解は飛躍的に深まります。

「説明補助」は、スライドが果たす重要な役割なのです。

相棒としてのスライドとともに

でも、スライドを相棒と考えたとき、それだけじゃ面白くありません。

お笑いコンビで考えてみましょう。2人はどんな「役割分担」をしているでしょうか。

そう、多くが「ボケ」と「ツッコミ」です。

もちろん、やすきよやドランクドラゴンのようにボケとツッコミが自在に入れ替わることもあります。サンドウィッチマンのようにボケ役がツッコミ役をいじりながら進行するというのもあります。

スライドに、時々、そういう役割を担わせてみましょう。

流れを大きく変えたいとき、聴衆に「衝撃」を与えたいとき、スライドをボケ役やツッコミ役にするのです。それは、**しゃべった通りにスライドに書いてない、書いてある通りにしゃべらない、ということ**でもあります。

そもそも、スライドに書いてあることを読むだけなら、プレゼンターなんていりませんよね。スライドとしゃべりには乖離《かいり》があって当然なのです。

そして、それを大きくずらすこと。そこに驚きが生まれます。

たとえば「裏切り」

スライドで、いかにもありそうな話を「確認」と称して淡々と紹介します。

現場の不満、逃した顧客の数、お客さまが言いそうなコメント、それらを「基本認識の確認」としてスライドに語らせます。聴衆は「うんうん、そうだろう」と肯《うなず》いていきます。そこにプレゼンターの一言。「これらはすべて、ウソ、です」

そしてつづけます。

「これらがみなさんの思っていた常識です」「でも、本当はそうじゃない」「どこがどう違うのか、これからお話ししましょう」

その裏切りの「一言」を、スライドに語らせても、よいでしょう。

いろいろしゃべった後に、「では分析の結論をお見せしましょう」とスライドをゆっくり表示します。そこには大きく「8割、アヤシイ」とだけ。

プレゼンターは、しゃべりません。聴衆に読ませて、考えさせる作戦です。

相棒とのいい関係が築けたら、さて、**講演デビュー**です。

社内での研修や趣味の集まりからで、OKです。そして、より幅広い人たちに語りかける場に出ていきましょう。ないならつくりましょう。

数人の勉強会くらいなら、自分ですぐにつくれるはず。社内外の有志を募《つの》って、来週からスタートです。そこをプレゼンテーションの研鑽《けんさん》の場とし、より多くの、より多様な人たち向けの講演への道を、進んでいきましょう。

25 緊急判断と行動〜3・11から学ぶこと

震災で見えた緊急マニュアルの致命的不備：曖昧さ

東日本大震災でわかったことに、「緊急マニュアル」「災害対応マニュアル」の不備・不足、があります。

宮城県の大川小学校では東日本大震災で、全校児童108人中74人が死亡・行方不明となりました。津波到来まで50分あったにもかかわらず、校長不在の中、避難先の選定に手間取った[43]からです。

同校の**「防災マニュアル」には具体的な避難先が書かれておらず**「近所の高いところや公園など」と記すのみでした。教育委員会もそれを放置しました。

当日、校庭に避難させた子どもたちの前で、教員たちは30分以上も「話し合い」をつづけたそうです。

43 他にも、保護者が迎えに来た児童のチェックや、学校に避難してきた地域住民の対応にも手間取ったとのこと。

結局、学校のすぐ裏にある山ではなく、200メートル先の堤防道路に向かって避難を始め、その直後に襲来した津波にほとんどの児童・教員[44]が呑み込まれてしまいました。通学バスも数十分間の待機状態のまま、津波に呑まれました。

ある都心の企業は、震災に対して十分な備えをしていた、はずでした。予想される帰宅困難者のための毛布も食糧・水も十分用意し、「緊急マニュアル」も準備していました。

ところが、誰がどの会議室で寝るのかをマニュアルに明記していなかったために、とっさに調整がつかず、ほとんどの社員が廊下で一夜を過ごすハメになりました。

こういった**曖昧さを放置しておくと、いざ緊急のときにまったく役に立たない「緊急マニュアル」**となってしまうのです。

緊急マニュアルに必須の「塊とつながり」の明確さ

「AならばB！」と言い切っている文章は、一見ロジカルに見えるかもしれません。

44 現場にいた11名の教員のうち生存は1名のみ。

たとえば、

●A＝「地震」、B＝「避難する」

つまり、「地震ならば避難する」というものです。これは、十分明確でしょうか？

残念ながら、**AもBも極めて曖昧で、この文章は役に立ちません**。「地震」とは、どんな地震のことを示すのでしょう。震度が1や2でも対象となるのでしょうか。5以上、でしょうか。じゃあ、逆に震度4以下だったら無視していいのでしょうか。

「避難する」とはどこへどれくらいの時間で行くことを、いうのでしょうか。避難場所は、どんな地震の場合でも一緒でしょうか。

加えて、**つなぎである「ならば」も曖昧**です。この場合、Aが起こったらBをせよ、という意味でしょうが、「絶対」なのか「ほとんど」なのか「なるべく」なのか、わかりません。

ゆえに、津波の危険がある場所であるならば、メッセージはたとえばこういうふうであるべきなのでしょう。

- A＝「震度5以上の地震[45]」、B＝「高台の○○避難所へ可能な限り迅速に避難」
- つなぎ＝Aならば**絶対に**B

よい緊急対応策も、伝わっていなくては意味がない

もう1つ大きな問題は、その緊急マニュアルがみなに浸透しているか、それに即した行動ができるのか、という点です。

企業体そのものの緊急マニュアルが「事業継続計画」（BCP＝Business《ビジネス》 Contingency《コンティンジェンシー》 Plan《プラン》）。本社が機能不全に陥ったらどうするのか、主工場が被災したらどうするのか、そういった企業存続に関わる事態への対応マニュアルです。

しかし東日本大震災当時、日本企業のうち「BCP策定済み」は3割のみ。3割が策定中か予定で、4割はつくる予定すらありませんでした。

かつ、せっかくBCPを策定した企業でも、その研修を全社員に実施したのは15％のみ。**4割弱の企業は、訓練どころかBCPの手引き書や資料の配付すらおこなっていない、「つくっただけ」の状態でした。**これになんの意味があるのでしょうか。

45 震度4以下なら大丈夫なわけではない。仮に大津波が来るとしても震源が遠方でかなりの時間があるから、情報収集の余裕があるだろう、ということ。

東日本大震災に際し、日産自動車では極めて迅速な組織的対応がとられました。

エンジン生産の主力であるいわき工場や60社のサプライヤーが被災したために、会社の生産が数週間にわたりストップするなど、震災の被害は甚大《じんだい》でした。しかし、本社をはじめ各現場では驚くほど粛々《しゅくしゅく》と、対応がとられていったそうです。

「震災のニュースがテレビで流れる以外は、まるで（避難訓練の）記憶の繰り返しのようだった」

と工場の担当者はつぶやきました。

2007年に起きた地震で生産が滞って以来、日産では大規模な防災訓練を、毎年おこなってきました。直近では震災のわずか3週間前、2月22日におこなわれたばかりでした。その**真剣な訓練が活きた**のです。

百聞は一見にしかず、百見は一考にしかず、百考は一行にしかず、の教え通りです。

子どもたちは変われる～釜石の奇跡

震災で人口3・9万人のうち1300人超が死亡・行方不明となった岩手県釜石市では、3000人の小中学生が数名の例外を除いて、無事でした。

46 たとえば大槌（おおつち）湾では最大で高さ6mの津波を想定していたが、実際には13mだった。

まずは**地震後、ほぼ全員が、「校内放送」や「津波警報」を待つことなく、即座に避難行動を始めました。**そしてその後直面した、想定外の事態[46]に対しても自律的な状況判断をし、行動に移すことができました。

自宅で1人で遊んでいた小学校1年生は、地震後、避難所にちゃんと避難しました。指定避難先に集団避難[47]した小中学生は、その裏山が崩れているのを見て、教員にさらなる避難を進言して移動し、あやうく津波の難を逃れました。

しかしその「奇跡の」子どもたちも、釜石市教育委員会が真剣に防災教育に取り組み始めた**2006年には、**まったくそうではありませんでした。

「家で地震にあったらどうしますか？」と子どもたちに尋ねると、多くが「お母さんに電話する」**「親が帰ってくるまで家で待つ」と答えていた**のです。

これでは、ダメです。いざというとき、助かりません。

釜石市教育委員会は、群馬大学の片田《かただ》敏孝《としたか》教授（当時）らの指導を受け、小中学校における極めて実践的な防災訓練をおこないました。

47 大槌湾に面する釜石東中と隣接する鵜住居（うのすまい）小。1次避難所の「ございしょの里」は子どもたちの再避難直後、津波に襲われ2階まで浸水した。

- 児童・生徒自身に、生活時間帯に合わせた避難計画を立てさせる
- 同じく、津波想定高に対するハザードマップを描かせる

などはその好例です。教員たちも、授業の中に津波関連のテーマを入れるなど、工夫を凝らしました。ただ**座って聞くだけではない、自分で考え行動してみる防災教育だったからこそ、役に立った**のです。

そして、子どもたちに最後に伝えたのが「ハザードマップを信じるな」でした。

「ハザードマップには最新の科学の知見が反映されている。しかし、それは想定に過ぎない。その想定を超えた状況のときには、自分で判断して行動せねばならない」と。

不安がる子にはこう伝えました。

「どんな津波が来ても助かる方法がある。それは逃げることだ」

子から親へ伝える

問題は、大人でした。

子どもたちには学校で「教育」できます。でもいくら講習会なり講演を開いても、来る大人は「もともと危機感のある」ヒトだけ。肝心の「危機感の低いヒト」「思い込みで行動するヒト」たちには、リーチすらできません。

こういうとき使えるのは、やはりヒトとヒトとのつながりしかありません。

釜石市では、「親子のつながり」から、大人に危機を伝えました。

まずは先ほどのアンケート結果の、親へのフィードバックです。

「あなたのお子さんたちは、このままでは津波に負けてしまいます。これでいいのですか？」

その後、親子で参加する防災マップづくりや、避難訓練。

そして最後には**子どもたちから親に手紙を書いてもらいました。**

「私たちは高台にちゃんと逃げるから、お母さんやお父さんもちゃんと逃げて。家になんか迎えに来ないでいいから」と。津波てんでんこ[48]というやつです。

その効果は、確かにありました。

小中学生の親たち数千人のうち、亡くなられたのは31名（11年4月5日現在）。釜石

48 三陸地方に伝わる言葉。てんでんこは各自、めいめいという意味。

市での平均に比べ、相当低い比率です。

大人を変えるためにも、大人にとって何よりダイジな子どもから変える。そうして子どもと一緒に、もしくは子どもから大人へダイジなことを伝える。

これらはもう、技術といったものではないかもしれません。私たちのよりよい未来に向けた、大きな仕組みのお話です。

子どもたちの未来は、大人が「教える」ものではありません。
子どもたちが自ら、切り拓いていくものなのです。

子どもたちの声に、耳を傾け（傾聴）、ともに学び（共育）、行動していきましょう。
子どもたちが自らその命を救えるように、その未来をつくり上げられるように。

おわりに

◇ロジカルシンキングから『重要思考』へ

あらゆるビジネス書の中でも、論理思考系《ロジカルシンキング》は数多く出版され、人気が高いテーマです。急激にグローバル化が進む、**今の日本にとってそれが一番ダイジで、かつ欠けているか**らなのでしょう。

日本人にロジカルさが不足しているのは、民族性だとかもいわれますが、そうは思いません。単に訓練されていないだけです。家庭でも学校でも、そして社会人になってからですら、ロジカルに考え話し議論する訓練を受けていないのですから当然です。

論理思考系の本が読まれているということは、そういった危機感を持ち、自ら学んで身につけようというヒトたちがいっぱいいるということ。すばらしいことです。

でも、名著『ロジカル・シンキング[49]』が上梓《じょうし》されてからですら20年以上経つというのに、世の中のヒトたちがロジカルになった気配はまだまだありません。本を読むだけ

49 照屋華子・岡田恵子著、東洋経済新報社

でなく、何回かの研修を受けたヒトたちでも、そうです。

なんだか妙に曖昧だったり、妙に細《こま》かかったりで、全然実用的・実践的でないのです。

私が社会人向けにビジネスや戦略を教える、ということを始めたのが94年ごろ。受講生たちは百戦錬磨《ひゃくせんれんま》のビジネスパーソンたちのはずなのですが、なんとも「議論」にならなくて困りました。ほとんどのヒトは「私はこう思います！」くらいの主張しかしませんし、ちょっと理屈っぽいヒトでも「これが成功要因（ＫＳＦ[50]）で、だからこうです」くらい。「ＫＳＦって何？」とか突っ込みどころ満載です。

たった数回の講義や研修で、受講生たちの論理（および戦略）スキルを向上させることは可能なのか？ 私の、今につづくテーマが生まれました。

そしてすぐに出した根本的な答えが、

①スキルは同じことを繰り返さないと身につかない。だから使うフレームワークは1つか2つに絞る

②一般のロジカルシンキングは複雑すぎる。もっと単純《シンプル》でないと使えないの2つでした。そして『**重要思考**』**が生まれました。**

50 Key Success Factoresの略。特に大した意味はない。

「相手にとってダイジなところで、きちんと差があるかどうかを考える。その前提として、各々の主張（塊とつながり）が曖昧でないか気をつける」

文章にすれば、それだけ（詳しくは本文を）です。でも本当にそれだけで十分なのです。日常やビジネスでのほとんどの場合において、これさえしっかり使えていれば、そのヒトは十二分にロジカルです。

◇『重要思考』がもたらすもの

『重要思考』は使い始めれば、効果はすぐ出ます。受講生たち曰く、

「最近、会社で『説得力あるな』って言われるようになりました」

「会社でも、受講生同士でチーム組んでやると、何倍も効率的なんです」

２００６年にアクセンチュアを辞め、１９８７年にＢＣＧからスタートした経営コンサルタントとしてのキャリアを教育へとシフトしました。以来、毎年６０００人以上の社会人に講義・講演をおこない、そして５０００人以上の子どもたち・親・教員の方々に授業や研修をおこなっています。

毎年、田園調布雙葉《ふたば》の高校3年生たちに『重要思考』と『ほめる力』(15節参照)の授業をしています。それぞれ90分ずつです。

授業後に彼女たちはチャカチャカと感想をパソコンに打ち込みます。

「誰かをほめるって意外と頭を使うことなんだなと思いました。こんなに真剣にほめたことなんてなかったので、結構疲れました」

「友だちをほめてみて、ほめられた人のよさも再発見したし、**ほめていてとても気持ちがよかった**です」

「あんなにほめられて、恥ずかしさもありましたが**とても嬉しかった**です。叱る、貶《けな》すことは簡単だけど、人やものをほめるのは難しいなと思いました」

ちゃんとほめることの難しさや価値と楽しさ、ちゃんとほめられることの嬉しさが、伝わったようです。そして、別の学校では、こんな声も。

「私は生まれてから、一度もほめられたことがありません。今日みんなにほめてもらって、こんなに自分にもよいところがあるんだ! って感じられて、ほんとうにほんとうに嬉しかったです(T-T)」

何がダイジか、どんな「差」があるかと考えることで、相手のよさが見つかります。**ロジカルとは**決して、ただ四角四面に考える・伝えるということではありません。**自分の気持ちがきちんと整えられ、相手に伝わるということ**なのです。そしてそれは、相手を幸せにすることでもあるのです。

◇リーダー（候補）のみなさんへ

この本は、初心者向けの入門書、でもあります。論理思考初心者が読んでわかるようになっています。でも、**本当のターゲットは「ロジカルシンキングに挫折《ざせつ》気味のヒトたち」**つまり、論理思考経験者です。一度取り組み、そしてその複雑さや、大変さを感じているからこそ、この『重要思考』の意味がより深く、容易に理解できることでしょう。

そして、この『重要思考』による伝える力は、リーダー（およびその候補者）のみなさんにこそつけてもらいたいと、思っています。チームでのコミュニケーションや議論効率が、格段に向上します。

これは、メンバー1人が頑張ってもダメなのです。**チームで共有されてこその『重要思考』であり、伝える技術**なのです。ぜひ、**チームとして導入してみ**てください。

この本がこういった形を得たのは、関係する出版社やデザイナー、印刷会社のみなさんのお陰です。特にこの〔新版〕では三笠書房の編集やデザイン担当のみなさん、イラストレーターの千坂まこさんたちに、すばらしい仕事をしていただきました。

そして誰より、これまでの私の授業・講義を受講されたみなさんに感謝します。みなさんのお陰で『重要思考』は生まれ、そしてさまざまな教材となりました。ありがとう。永《なが》らく授業・講義の受講者たちから「復習のための本を！」と言われていましたが、これでどうでしょう。これで足りなかったら『戦略思考ワークブック』もどうぞ（笑）

これからも子どもたちの未来のために『重要思考』の普及に頑張りマス！
応援と参加、実践、よろしくお願いします。

三谷 宏治

本書は、かんき出版より刊行された『一瞬で大切なことを伝える技術』を文庫化にあたり、加筆・改筆・再編集したうえ、改題したものです。

三谷宏治（みたに・こうじ）

KIT（金沢工業大学）虎ノ門大学院教授、早稲田大学ビジネススクール・女子栄養大学客員教授。

1964年大阪生まれ、福井育ち。東京大学理学部物理学科卒業、INSEAD MBA修了。BCG、アクセンチュアで19年半、経営コンサルタントとして働く。2003年～06年アクセンチュア戦略グループ統括。

2006年からは子ども・親・教員向けの教育活動に注力。現在は大学教授、著述家、講義・講演者として全国をとびまわる。

放課後NPOアフタースクール・NPO法人3keys理事、永平寺ふるさと大使。3人娘の父。

著書に各種ビジネス書賞を獲得した『経営戦略全史』『ビジネスモデル全史』（ディスカヴァー・トゥエンティワン）の他、『戦略読書〔増補版〕』（日経BP）、『戦略子育て』『ペンギン、カフェをつくる』（東洋経済新報社）など多数。

HP:www.mitani3.com

知的生きかた文庫

〔新版《しんぱん》〕一瞬《いっしゅん》で大切《たいせつ》なことを伝《つた》える技術《ぎじゅつ》

著　者　三谷宏治《みたにこうじ》

発行者　押鐘太陽

発行所　株式会社三笠書房

〒一〇二―〇〇七二　東京都千代田区飯田橋三―三―一

電話〇三―五二二六―五七三四〈営業部〉

〇三―五二二六―五七三一〈編集部〉

https://www.mikasashobo.co.jp

印刷　誠宏印刷

製本　若林製本工場

ISBN978-4-8379-8713-0 C0130

C50422